Günter Helmes

Novellenkunst

Probedruck

IGEL VERLAG
H A M B U R G

SchriftBilder
Studien zur Medien- und Kulturwissenschaft
Bd. 14

Hg. von Günter Helmes und Stefan Greif

SCHRIFTBILDER
Studien zur Medien- und
Kulturwissenschaft
Herausgegeben von Günter Helmes und Stefan Greif

Günter Helmes

Novellenkunst

Karen Blixens Meisternovelle *Babettes Fest*

Mit einer Nachbemerkung zu
Gabriel Axels gleichnamigem Film

MEDIEN UND KULTUR

Günter Helmes
Novellenkunst
Karen Blixens Meisternovelle *Babettes Fest*
Mit einer Nachbemerkung zu Gabriel Axels gleichnamigem Film
SchriftBilder. Studien zur Medien- und Kulturwissenschaft, Bd. 14

1. Auflage 2021
ISBN: 978-3-948958-08-4
Covergestaltung: Annelie Lamers

© IGEL Verlag *Literatur & Wissenschaft*, Hamburg 2021
Alle Rechte vorbehalten.
www.igelverlag.de

IGEL Verlag *Literatur & Wissenschaft* ist ein Imprint
der Bedey & Thoms Media GmbH
Hermannstal 119 k, 22119 Hamburg
Printed in Europe

Die Deutsche Bibliothek verzeichnet diesen Titel in der
Deutschen Nationalbibliografie.
Bibliografische Daten sind unter http://dnb.d-nb.de verfügbar.

Inhaltsverzeichnis

I. Vorbemerkung 7

II. Einleitung 8

III. Programm 11

IV. Hypothesen 12

V. Textentstehung, Textgeschichte, Titelgebung 14

VI. Die Story 19

VII. Quellen, Textstruktur, Zeitebenen 21

VIII. Figuren und Figurenkonstellationen 26

Erzählerstimme 26

Die Mutter 27

Der Propst 28

Martine und Philippa 29

Lorens Löwenhjelm 41

Achille Papin 47

Babette Hersant 51

Die Gemeinde 64

General Galliffet 70

Konstellationen – figural und thematisch: Lebensentwürfe,
Kunst, Weiblichkeit 72

IX. „Feast": Das Fest und das Festmahl 79

X. Fazit 90

XI. Nachbemerkung: Gabriel Axels Film *Babettes Fest* 93

   Figurenanlagen, Motive, Fest und Festmahl 96

Literatur und Film 100

   Primärliteratur 100

   Filme 102

   Sekundärliteratur (zitierte und eingesehene) 102

Der Autor 111

I. Vorbemerkung

Der nachfolgende Text ist bis auf geringfüge, nicht eigens markierte Änderungen identisch mit meinem Beitrag „Von protestantischer Askese, Pariser Kommune, einem dîner français und etlichem anderem mehr. Lebensleere, Lebenshunger und Lebenskunst in Isak Dinesens / Karen Blixens / Tania Blixens Novelle *Babette's Feast* (1950, 1958) / *Babettes Gæstebud* (1952, 1958) / *Babettes Fest* (1960). Neu hinzugekommen ist allerdings die Nachbemerkung zu Gabriel Axels Film *Babettes Fest* (1987).

Der Beitrag erschien in *Essen und Trinken. Multidisziplinäre Perspektiven auf menschliches Alltagshandeln in unterschiedlichen Kulturen* (= SchriftBilder. Studien zu Medien- und Kulturwissenschaft, Bd. 11), hrsg. von Julia Ricart Brede und Naima Tahiri. Hamburg: Igel Verlag *Literatur & Wissenschaft* 2020, S. 39–107.

„Kochkunst – die erlaubte Wollust des Lebens – alter Mönchsspruch." (J. Elias 1925)[1]

II. Einleitung

Gegenstand dieses Beitrags ist Isak Dinesens / Karen Blixens / Tania Blixens Novelle *Babette's Feast* (1950, 1958) / *Babettes Gæstebud* (1952, 1958) / *Babettes Fest* (1960). Diesen Gegenstand so ungelenk zu benennen ist von einiger Bedeutung, muss man sich doch darüber verständigen, über welchen der Texte man eigentlich redet, wenn man sich mit jener anekdotischen Novelle[2] (s. u.) auseinandersetzt, die unter anderem von einem den Häusern nach zwar auffallend bunten, doch den Menschen nach grauen und trüben norwegischen Ort Berlevaag (Blixen 2003: 5), zwei ledigen, nachnamenlosen Damen namens Martine und Philippa, einer nach Norwegen geflohenen Pariser Köchin namens Babette Hersant[3], einem französischen Opernsänger namens Achille Papin, einem norwegischen General namens Lorens Löwenhjelm (oder Lowenhielm, Löwenhielm)[4] sowie von mindestens zwei „unerhörte[n] Begebenheit[en]"[5] handelt; von Bedeutung ist dies beispielsweise auch deshalb, weil eine dieser „außerordentlichen Begebenheiten" nicht nur gleich im Titel genannt wird, sondern auch mit drei der sprachlichen

---

[1] Dies ist das Motto der zweiten Auflage des sich an jüdische Hausfrauen wendenden und Max Liebermann gewidmeten *Neuen Kochbuchs* der in der Weimarer Republik hoch erfolgreichen deutsch-jüdischen Modejournalistin und Autorin von Kochbüchern Julie Elias (1866–1945).

[2] Vgl. Neumann (2008), der für die *Anecdotes of Destiny* und damit auch für *Babette's Feast* von einer „eigentümliche[n] ‚anekdotische[n]' Novellenstruktur" (S. 37) spricht und diese insbesondere an *Der Taucher* und *Die unsterbliche Geschichte* erläutert.

[3] In der deutschsprachigen Ausgabe trägt Babette den Nachnamen Hersant. In der Forschungsliteratur liest man gelegentlich auch Hersaut, so beispielsweise bei Neumann (1993: 291) und Barron (2015: 476).

[4] Vgl. die jeweiligen, im Titel genannten Ausgaben.

[5] Nach Goethes bekannter, Eckermann gegenüber am 29. Januar 1827 geäußerter Definition ist die Novelle nichts „anders als eine sich ereignete unerhörte Begebenheit" (Eckermann 2011: 221).

Zugehörigkeit wie der Bedeutung nach unterschiedlichen Bezeichnungen ins Zentrum des Leserinteresses[6] gerückt wird.

Dieses Leserinteresse wird weiterhin dadurch ebenso geweckt wie irritiert, dass es sich mit drei Autorennamen, einem männlichen und zwei weiblichen, sowie mit fünf Daten der jeweiligen Erstauflage konfrontiert sieht; das führt dazu, dass sich Fragen nach den interpersonalen, intertextuellen, interkulturellen und editorischen Zusammenhängen aufdrängen.

Vollends verunsichert wird der Leser schließlich dann, wenn er hinsichtlich des in der Novelle Erzählten und Thematisierten die nationale und internationale Forschungsliteratur befragt, hat er in diesem Falle doch angesichts der Unterschiedlichkeit an Beobachtungen, Behauptungen, Ansichten und Urteilen zuweilen den bestimmten Eindruck, es werde nicht einmal über denselben Plot und dieselbe Text-, Zeit- und Geschehensstruktur gesprochen – von unterschiedlichsten Interpretationen Figuren, Gegenstände und Ereignisse betreffend ganz zu schweigen. Das hat sicherlich seinen Grund wie anderenorts auch in divergierenden Erkenntnisinteressen, theoretischen und methodischen Zugriffen, literatur- und kulturgeschichtlichen Wissensbeständen, Lesepraktiken der Intensität, Genauigkeit und Fokussierung nach, analytisch-systematischen Befähigungen, professionellen Haltungen und dergleichen mehr; es hat seinen Grund aber auch darin, dass man tatsächlich über unterschiedliche Texte redet und dies allzu häufig aus dem Blick verliert, auch hinsichtlich der Beurteilung anderer Versionen und (Forschungs-)Beiträge.

Wenn man also beispielsweise in einer jüngeren deutschsprachigen Publikation liest, man lege der eigenen Arbeit eine eigene Übersetzung des Textes nach der mit der 1958er Ausgabe identischen Ausgabe der *Skæbne anekdoter* von 1964 zugrunde, zu denen *Babettes Gæstebud* gehört (s. u.), weil die „verfügbare[] deutsche[] Ausgabe"[7] nicht jene „Nuancen" herausarbeite, „auf die ich mich im

---

6   Das generische Maskulinum steht hier wie anderenorts für beide Geschlechter.
7   Gemeint sein kann nur die Übertragung des renommierten Übersetzers W. E. Süskind. Süskind, der für sein genaues Übersetzen bekannt war, hat u. a. auch Melville, Stevenson und Thackerey ins Deutsche übertragen.

Folgenden beziehe" (von Schnurbein 2008: 138, Anm. 8), so ist dies doppelt problematisch: Zum einen bezieht sich die deutschsprachige Übersetzung nämlich gar nicht auf *Babettes Gæstebud* (1958), sondern ausdrücklich auf *Babette's Feast* in der 1958er-Version;[8] zum anderen geht die sowohl in London als auch in New York in textgleichen Ausgaben unterschiedlicher Länge[9] erschienene 1958er-Version von *Babette's Feast* der 1958er-Version von *Babettes Gæstebud* um einige Tage voraus.[10]

Ob Blixen die beiden Versionen parallel verfasst hat oder ob es sich bei einer der beiden Versionen um eine Übersetzung handelt, ist mir nicht bekannt. Doch könnte man aufgrund von Blixens Zwei- bzw. Mehrsprachigkeit,[11] ihrer Schreibpraxis bis dato, dem für sie ökonomisch gesehen gewiss wichtigeren anglo-amerikanischen Markt sowie den vermutlich aufwändigeren zeitgleichen Verhandlungen mit Verlagen in London und New York annehmen, dass die für sie arbeitsintensivere, gleichwohl lukrativere englischsprachige Version zuerst verfasst wurde. Die dänischsprachige Version wäre dann eine von Blixen selbst getätigte ‚Rückübersetzung' in die eigene Erstsprache. Dass es sich bei solchen ‚Rückübersetzungen' der Autorin allerdings in der Regel um partielle Neuschreibungen gehandelt hat, ist seitens der Forschung schon mehrfach belegt worden.[12]

---

8 Es heißt zwar in der von mir verwendeten Ausgabe (Blixen 2003) nur „aus dem Englischen", doch da Süskind 1960 die kompletten *Anecdotes of Destiny* (1958) übersetzt hatte, kann er sich nicht auf die 1950er Version von *Babette's Feast* bezogen haben. Das bestätigt sich auch, wenn man feststellt, dass Süskinds Übertragung Sätze enthält, die erst in der 1958er-Version von *Babette's Feast* auftauchen.

9 Vgl. die Angaben der *Isak Dinesen Collection* (https://www.lib.umn.edu/ scrbm/isak-dinesen-collection).

10 Die dänische Ausgabe erschien, so ist meist zu lesen, am 12. Oktober 1958; der *Catalog of Copyright Entries. Third Series* (July-December 1958: 1030) hingegen verzeichnet den 13. Oktober. Für die bei Random House erschienene amerikanische Ausgabe wird der 26. September 1958 als Erscheinungsdatum genannt; für die englische Ausgabe fehlt die Angabe.

11 Dänisch war Blixens Erstsprache, Englisch die im Verhältnis dazu weniger gut beherrschte Zweitsprache.

12 Livingston (2005: 108), die nicht von „translation" spricht, sondern von „rewriting", geht offensichtlich von einem anderen zeitlichen Verlauf aus;

III. Programm

Im Nachfolgenden wird ein close reading praktiziert; dem geht es zunächst einmal um eine ordnende, sich insbesondere an Figuren, Kausalitäten, Raum-Zeit-Konstellationen, Themen und Motiven orientierende Bestandsaufnahme möglichst vieler präsentierter Fakten und Informationen[13] sowie dazugehöriger, explizit oder konnotativ angesprochener historisch-kultureller Kontexte, anschließend dann darum, die gewonnenen Ergebnisse und Einsichten im Sinne synthetischen Interpretierens (Hermand 1969) zusammenzuführen.

Abgelehnt wird es hingegen, vorab adorierte Theorien ein weiteres Mal mittels eines zum Demonstrations- oder Beweismittel degradierten literarischen Textes zu bestätigen, läuft das doch in der erdrückenden Anzahl der Fälle – und so auch bei *Babette'Feast* bzw. *Babettes Gæstebud* bzw. *Babettes Fest* – darauf hinaus, mehr oder minder große Teile des Textes zu ignorieren und die verbleibenden ‚Restbestände' auf Passgenauigkeit hin zu trimmen. Versucht werden wird also aufs Ganze gesehen, den gesamten Text – und damit auch dessen Verfasser bzw. Verfasserin – ernst zu nehmen, zu verstehen und zu würdigen.

---

es heißt, die dänischsprachige Neufassung von *Babette's Feast* „inflects the English version in significant ways (revealing, for example, its treatment of the character's relations to be tamer than those of the Danish rewriting)." – Vgl. in diesem Zusammenhang auch Kure-Jensen (1993) und Hansen (2003).

[13] Der Aufbau des Beitrags bringt es mit sich, die eine oder andere Information bzw. das eine oder andere Faktum mehrfach anzuführen, da sie bzw. es in unterschiedlichen Hinsichten eine Rolle spielt.

IV. Hypothesen

Bei der zur Rede stehenden Novelle handelt es sich in allen Versionen um einen eminent religiös-christlichen Text, der dank der „ungemein bibelfest[en]"[14] Karen Blixen voller decodierbarer und interpretierbarer Bezüge zur *Bibel*, aber auch zu Schriften insbesondere Martin Luthers steckt; u. a. diese Bezüge gilt es zu erschließen, wenn ein angemessenes, weder Eklektizismus noch Diskriminierung noch Ideologisierung betreibendes Textverständnis (s. o.) angestrebt wird. Zentral sind in diesem Zusammenhang die *Bibel*-Stellen Röm 11,33 „Wie gar unbegreiflich sind seine Gerichte und unerforschlich seine Wege!"[15] und 1. Kor 13,13 „Nun aber bleiben Glaube, Hoffnung, Liebe, diese drei; aber die Liebe ist die größte unter ihnen".[16] Das weist darauf hin, dass es dem Text auch darum geht, einen innerbiblischen Diskurs über das *Neue* und das *Alte Testament* zu führen; der fällt tendenziell zu Gunsten des *Neuen Testamentes* aus.

Religiös-christlich ist diese Novelle vor allem deshalb, weil es in ihr um nichts weniger geht als um die Frage nach der Möglichkeit eines sinnerfüllten und die Sinne erfüllenden, gelingenden und zugleich christlichen Lebens sowie nach der Kunst, dieses zu führen. Dazu gibt es zum einen von Seiten der Kirchen und ihrer Abspaltungen Antworten, die am Jenseits, am ewigen Leben orientiert sind;

---

[14] So Faber (2008: 116). Glienke spricht davon, dass auch für Blixen die *Bibel* „das Buch der Bücher" (1986: 178) sei, und Klünder (2000: 335 f.) kann zeigen, wie Blixen die *Bibel* auf dreifache Weise nutzt.

[15] Im Text wird diese Aussage in eine Aussage der Figur des protestantischen Propstes gefasst, der mehrfach dafürhält, „daß Gottes Wege auch übers salzige Meer durchs Schneegebirg laufen, wo ein Menschenauge keine Spur gewahrt." (Blixen 2003: 17) Diese Aussage wird an späterer Stelle von der katholischen Figur Achille Papin noch einmal wortwörtlich übernommen (Blixen 2003: 33); ihre Gültigkeit wurzelt also nicht nur in der *Bibel*, sie resultiert auch aus der konfessionsübergreifenden Verwendung. – Von der Figur des jungen Lorens Löwenhjelm heißt es beispielsweise, er habe „auf seltsamen, gewundenen Wegen" einen „erfreulichen moralischen Standpunkt erreicht" (Blixen 2003: 13). – Vgl. auch Anm. 97 und 106.

[16] Bei den *Bibel*-Zitaten verwende ich die üblichen Abkürzungen für die einzelnen Bücher und folge der üblichen Einteilung in Kapitel und Verse.

12

diese Antworten sind in ihrer Plausibilität und Legitimität anhand des Buches der Bücher zu überprüfen.

Antworten auf die Frage nach einem sinnerfüllten und die Sinne erfüllenden, gelingenden Leben und dem Weg dorthin gibt es aber auch aus säkularer Perspektive; sie lauten materialistisch-konventionell „Karriere", idealistisch-individuell „Kunst" und idealistisch-kollektiv „individuelle und gesellschaftliche Gerechtigkeit". Ob diese Antworten für sich eine höhere diskursive Gültigkeit oder doch zumindest eine höhere empirische Validität beanspruchen können als diejenigen religiöser Art? Es wird sich zeigen, dass in dem hier zugrunde gelegten Text *Babettes Fest* (s. u.), um stilistisch eine Brücke zum dort stattfindenden Festmahl zu schlagen, in kunstvoller, auf wohl durchdachte Zubereitung, auf Dosierung der Zutaten und auf feinste sprachliche Prisen achtender Fügung unterschiedliche Zeiträume, Orte, Generationen, nationale, intranationale und internationale Kulturen, Temperamente und Berufe, Lebensauffassungen und Identitätsentwürfe und nicht zuletzt auch die Geschlechter selbst zu einem vielgängigen, opulenten Mahl zusammengeführt werden, um auf die zentrale Frage wenn nicht nach dem ganz und gar richtigen, so doch nach dem zuträglicheren Leben eine Antwort zu versuchen.[17]

---

[17] Damit wird nachdrücklich der These Neumanns widersprochen, dass „Tania Blixens Novelle zuletzt die Frage nach dem Schöpfertum zum Gegenstand hat: im Hinblick auf die prekäre Situation der Frau als Künstlerin und deren Möglichkeit, kulturell überdauernde soziale Zeichen zu produzieren." (Neumann 1993: 309) Ebenso wenig kann seiner These zugestimmt werden, die „ganze Erzählung" sei „durch den Konflikt der Diskurse der Religion und des Essens bestimmt" (a. a. O.: 314). Widersprochen wird aber auch der Behauptung von Schnurbeins, die Erzählung lasse „die Interpretierenden gewissermaßen hilflos zurück." Die „Verwirrung", in die der Text sie treibe, könne aber andererseits „unter gewissen Umständen gerade […] einen Durchbruch von Erkenntnis ermöglichen." (von Schnurbein 2008: 145) Es mag ja sein, dass „Widerstand […] gegen eine vollständige und transparente Interpretation […] ein typisches Merkmal des Modernismus" (ebd.) ist; erkennbar ist allerdings nicht, was dies ggf. mit Blixens Novelle zu tun hat. Ebenso wenig leuchtet ein, dass Blixens „Texte" und damit auch der hier zur Rede stehende Text „ihren modernistischen Widerstand gegen die Interpretation mit Hilfe einer Überfülle an Bedeutung, an intertextuellen Verweisen,

V. Textentstehung, Textgeschichte, Titelgebung

Babette's Feast verdankt sich wohl nicht zuletzt den notorischen finanziellen Engpässen der Autorin Karen Blixen[18] sowie dem schon damals, zumindest in Amerika, populären und damit auch kommerziell vielversprechenden Thema „Essen".[19] Darüber hinaus gilt es zu beachten, dass wie heute, so auch im damaligen Amerika ein viktorianisch zu nennendes, das heißt zu Bigotterie verführendes Klima herrschte, das sich zugleich aus religiös-christlichem Fundamentalismus und in Pornographie kulminierender Sinnlichkeit speiste. Der Text erschien erstmals[20] 1950 auf Englisch unter Karen Blixens, im amerikanischen bzw. englischsprachigen Raum gewählten,

---

metaphorischen Verknüpfungen etc." erreichen, die „sich schließlich in ihren eigenen Widersprüchen aufzulösen scheinen" und die dabei den Leser „in einen unendlichen Kreislauf von Interpretationen verwickeln und sie letztlich dadurch in einen Zustand versetzen, der demjenigen der Esser von Babettes Mahl entspricht." (Ebd.; vgl. auch S. 149) Sind diese „Esser" wirklich in ein und demselben Zustand? Ist man als Leser am Ende der Lektüre und der Interpretationsanstrengungen beispielsweise tatsächlich wie die Gemeindemitglieder trunken und am Boden, ebenso kindlich wie kindisch und obendrein so selig, dass man Raum und Zeit vergisst? Die an dieser Stelle diskutierte Novelle ist in der Tat prall an „Bedeutung", „Verweisen" und „Verknüpfungen", doch lassen sich diese durchaus erschließen bzw. plausibilisieren; insofern liegt kein Widerstand gegen „Interpretation" vor, sondern allenfalls ein Widerstand gegen ein bestimmtes Leseverhalten. – Vgl. auch Anm. 93.

[18] Hermansen spricht von Blixens „need for money" (2010: 192).

[19] „Essen" – und in Zusammenhang damit auch „Körper", „Mode" und „Lebensstil" – ist andererseits ein Thema, das auch Karen Blixen selbst ihr Leben lang beschäftigt hat. Zum Verhältnis von Biographie und Werk vgl. u. a. einerseits Thurman (1982) und andererseits Wechsel (2008b); Wechsel warnt zu Recht vor Psychologisierung und Pathologisierung (a. a. O.: 156, 163) und sieht Autorschaft vielmehr in Anlehnung an Adorno und Foucault im Kontext von „Kulturindustrie", „Warenökonomie" und „Identitätsgestaltung [...] als Ästhetik der Existenz" (a. a. O.: 167).

[20] Zu dieser ersten Ausgabe vgl. die höchst akribischen Angaben bei Hermansen (2010: 197–202), der das komplette unmittelbare und mittelbare Umfeld des Textes – Aufmachung der Ausgabe, Werbung, Illustrationen, benachbarte Texte etc. – sowie dessen sonstige materielle Realisation (Design, Layout etc.) berücksichtigt.

einen männlichen Autor nahelegenden Pseudonym Isak Dinesen[21].
Publikationsorgan war die Juni-Ausgabe der ein nobles, mehrheitlich gebildetes Publikum anvisierenden, amerikanischen Frauen-
zeitschrift *Ladies' Home Journal*, in der Dinesen ein Jahr zuvor
bereits die Erzählung *Sorrow-Acre* veröffentlicht hatte und in der sie
künftig auch mit Erzählungen wie *The Ring* (1950) und *The Immortal Story* (1953) präsent sein sollte (vgl. Stambough 1998). *Ladies'
Home Journal* zählte in jener Zeit zusammen beispielsweise mit
The Saturday Evening Post, *Life*, *Redbook*, *Good Housekeeping* und
Cosmopolitan zu jenen respektablen (Wochen-)Zeitschriften, die für
den literarischen Markt sehr wichtig waren und in denen auch prominente Autoren wie Scott Fitzgerald, Sinclair Lewis, Jack London,
Somerset Maugham, Virginia Wolf oder Ernest Hemingway schon
lange zuvor veröffentlicht hatten.[22]

Ursprünglich hatte Blixen *Babette's Feast* allerdings dem sich an
die middle class wendenden Frauenmagazin *Good Housekeeping*
angeboten, doch war diesem bei allem Interesse am Thema „Essen"
ein dîner français als Höhepunkt des Erzahlens zu exklusiv für die
eigene Klientel.[23] Als anschließend auch die Wochenzeitschrift *The
Saturday Evening Post* den Text ablehnte und stattdessen unter dem
Titel *The uncertain Heiress* den nach Blixens Einschätzung deutlich
schwächeren Text *Uncle Seneca* druckte, fiel die Wahl auf das *Ladies' Home Journal*; doch auch hier wurde der Text nicht so ohne

---

[21] Zur näheren Geschichte des Pseudonyms, das sich aus dem Nachnamen des
Vaters und dem biblischen Namen Isaak (wahrscheinlich aus *Jizchak-El,
‚Gott lächelt') zusammensetzt, vgl. Stambough (1998): „Isak Dinesen was
born in New York City on April 9, 1934". Karen Blixen verwendete das Pseudonym erstmals für ihre 1934 erschienene Sammlung *Seven Gothic Tales*,
die erst ein Jahr später auf Dänisch erschien. Zu Blixens Verhältnis zum
US-amerikanischen Kulturmarkt und insbesondere zu Hollywood als Zentrum der Populärkultur vgl. im Übrigen Schyberg (1935) und Brix (1949).

[22] Es wäre also verfehlt, vom aus heutiger Sicht eher ungewöhnlichen Publika-
tionsort „Magazin / Frauenmagazin" für einen anspruchsvollen literarischen
Text auf die künstlerischen Intentionen und den ästhetischen Anspruch
schließen zu wollen, die Blixen mit *Babette's Feast* verband.

[23] So Judith Thurman in ihrer berühmten Dinesen- bzw. Blixen-Biographie
(1982). Hier zitiert nach Brantly (2002: 184).

15

Weiteres akzeptiert und musste sich einem „lengthy review process"
(Axelrod 2004: 17) unterziehen.

Vor diesem Hintergrund ist es eher unwahrscheinlich, dass Ka-
ren Blixen *Babette's Feast* erst 1949 nach einem Sommerurlaub in
Italien verfasst hat, wie Judith Thurman (1982: 376) vermutete.[24]
Vielmehr sprechen nicht zuletzt auch die präzisen Zeitangaben in
Babette's Feast (s. u.) selbst dafür, dass die Autorin bereits seit 1948
an dem Text gearbeitet hat.

Als nächstes wird *Babette's Feast* unter dem in Dänemark fortan
gebräuchlichen Titel *Babettes Gæstebud* im dänischen (24.11.1950
und 8.2.1952) und im schwedischen (18.–19.4.1951) Radio ausge-
strahlt, und zwar in einer Übersetzung von Jørgen Claudi;[25] diese
erste, textgetreue Übersetzung von *Babette's Feast* erscheint dann
auch 1952 unter dem Autorennamen Karen Blixen auf dem dänischen Buchmarkt.[26] Dabei ist der im Dänischen gewählte Titel insofern misslich, als er durch „Gæstebud" jene für das Textverständnis
nicht unerhebliche Mehrdeutigkeit (s. u.) aufhebt, die das amerikanische bzw. englischsprachige „feast" vorhält – ‚Festmahl' einerseits und ‚Fest' andererseits. Darauf ist zurückzukommen.

Die nächsten einschneidenden Veränderungen am Text bringt
das Jahr 1958, das zunächst eine englischsprachige und dann eine
dänischsprachige Neuausgabe verzeichnet. Beiden Neuausgaben,
beide von Karen Blixen verfasst, ist zum einen gemeinsam, dass sie
nicht eigenständig, sondern im Rahmen inhaltsgleicher Textsammlungen erscheinen, *Anecdotes of Destiny* hier und *Skæbne anekdoter*
dort. Zum anderen zeichnen sie sich bei weitgehender Worttreue zu
den jeweiligen Erstausgaben 1950 und 1952 durch „Blixen's addi-

---

[24] Vgl. dazu auch Sevendsen (1974), die bereits für das Frühjahr 1949 von der
Arbeit an *Babette's Feast* spricht; vgl. im Einzelnen auch Hermansen; auch
er bezweifelt 1949 als Entstehungsjahr (2010: 191–193; 203 f.).

[25] Vgl. dazu Hermansen (2010: 202 ff.). Hermansen zweifelt mit guten Gründen daran, dass Claudi der Übersetzer gewesen ist und vermutet vielmehr
Karen Blixen selbst als Übersetzerin und Claudi als bloßen Strohmann; einen Beweis kann er allerdings auch nach eigener Ansicht nicht liefern.

[26] Vgl. auch hier die minutiösen Angaben bei Hermansen (2010: 202–208).

16

tion of details in her description" (Hermansen 2010: 205)[27] aus. Diese „details" betreffen beispielsweise die Gemeindemitglieder als Nebenfiguren des Textes, die hinsichtlich ihres Charakters und ihrer Konflikte miteinander anschaulicher gestaltet werden; sie betreffen aber insbesondere die Rede Löwenhjelms beim Festmahl, die in beiden Versionen wesentlich länger ausfällt als in den früheren Versionen und die andere Schwerpunkte setzt.[28] Allerdings unterscheiden sich beide Neuausgaben mit Blick auf die Akzente, die insbesondere für die Figur Babette Hersant gesetzt werden; diese erscheint in der dänischsprachigen Version insgesamt ‚wilder' als in der englischsprachigen Version.[29]

Im Kontext eines germanistischen Beitrags ist schließlich noch auf die deutschsprachige Version einzugehen, die von dem erfahrenen Übersetzer und Autor W. E. Süskind[30] verfasst wurde. Diese Übersetzung folgt sehr textnah der englischsprachigen Version von 1958. Von beiden dänischsprachigen Versionen unterscheidet sie sich vor allem durch die Titelgebung. Rücken jene mit „Gæstebud" eine Getränke- und Speisenfolge und deren Präsentationsmodalitäten in den Vordergrund, also etwas Materielles bzw. die Objektivation einer Intention und eines daraus abgeleiteten Handelns, hebt die deutschsprachige Version mit „Fest" etwas Inneres und Ideelles hervor: Babettes höchst intensives Erleben von Glück nämlich. Das wird ihr zuteil, indem sie – siehe nachfolgend hier des Näheren die Abschnitte „Babette Hersant" und „‚Feast': Fest und Festmahl" – einen von ihrer Herrschaft gebilligten Entschluss fasst,

---

[27] Hermansen, der sich auch mit Gabriel Axels gefeierter filmischer Adaption (1987) sowie mit „Other Readings" (2010: 215–226) beschäftigt, liefert in einem umfangreichen Appendix (S. 229–252) anhand ausgewählter Passagen einen Vergleich der vier genannten Versionen zwischen 1950 und 1958 sowie zwischen der Karen Blixen-Version von 1958, dem Manuskript und dem Film (1987) von Gabriel Axel. Für den hier in der Nachbemerkung andiskutierten Film kommt er zu der von mir geteilten Einschätzung, dass der Film als Film überzeugen mag, er aber zum Textverständnis nur wenig beiträgt.

[28] Nach Hermansen (2010: 207) ist der Umfang jeweils um beinahe das Dreifache angewachsen.

[29] Vgl. Anm. 12 und 27.

[30] Vgl. Anm. 7 und 8.

dann einen Plan erstellt und Vorbereitungen trifft, dann schließlich den Plan Wirklichkeit werden lässt. Denn so viel ist klar: Babettes Fest, zum einen, ist ein vielschichtiger Prozess, der sich über Monate hinzieht und der seinen Höhepunkt im unmittelbaren Vorfeld eines auf den 15. Dezember 1883 fallenden Festtages und an diesem Festtag selbst hat. Zum anderen aber findet dieser Festtag weder ihr zu Ehren statt noch darf sie an den Feierlichkeiten als solchen überhaupt teilnehmen. Der Festtag mit allem offiziellen Drumherum selbst ist also ganz und gar nicht Babettes Fest, solange man von denjenigen ausgeht, die ihn veranstalten und die an ihm teilnehmen; er ist es nur dann, wenn man von Babette aus denkt und von der – deutschsprachigen – Erzählinstanz, die mit ihrer Titelgebung deren Perspektive übernimmt.

VI. Die Story

Was die Story von *Babettes Fest* ist, ist selbstverständlich schon Interpretationssache und hängt davon ab, was man als Stoff bzw. als Generalthema der Novelle betrachtet und auf wie viele Fakten personaler, raum-zeitlicher und ereignishafter Art man glaubt verzichten zu können, ohne den Kern des Plots zu verfehlen.

Zum einen könnte man sagen, dass *Babettes Fest* von einer genialen Pariser Köchin erzählt, die als Anhängerin der Kommune im Zuge des französischen Bürgerkriegs 1871 Frankreich fluchtartig verlassen muss, dann in Norwegen im ländlichen Haus von zwei ledigen, protestantisch-strenggläubigen Schwestern Unterschlupf findet und dort nach einem Dutzend belangloser Jahre dank günstiger Umstände bzw. eines Zufalls noch einmal ihre ganze Kochkunst entfalten und Erfüllung finden kann.

Sagen könnte man aber auch, dass *Babettes Fest* von einem protestantisch-strenggläubig geführten Haus in der norwegischen Provinz des 19. Jahrhunderts erzählt, in dem die Zufälligkeiten des Lebens und der Zeitläufte über die Jahrzehnte eine Reihe von sehr unterschiedlichen Naturen und Schicksalen zusammenführen; Kulminationspunkt dieser Begegnungen ist ein Fest, das zur Feier des einhundertsten Geburtstages einer dieser Naturen und zur Erinnerung an diese veranstaltet wird.

Läge man, zum Dritten, ganz falsch, wenn man anstelle von Babette oder dem Haus als kommunikativem Knotenpunkt die beiden Schwestern Martine und Philippa zum Zentrum der Story machen würde? Dann würde der Text von zwei Schwestern kleinbürgerlich-provinzieller Abkunft erzählen, deren grundsätzlich in die (Geschlechter-)Bedingungen des 19. Jahrhunderts eingebetteter Lebensweg durch einschneidende Einflussnahmen Dritter – den Vater, die sogenannten Liebhaber, die Köchin, die Gemeinde – geprägt wird und der bis zu dem Punkt hin verfolgt wird, an dem sie zu einer dauerhaften personalen Identität gelangen.

Viertens schließlich gelänge es auch, zumindest große Teile des Plots einer Story zuzuordnen, die auf den Figuren Achille Papin und insbesondere Lorens Löwenhjelm aufbaut. Zwei in gewisser Hinsicht als antagonistische Prototypen zu verstehende und von daher repräsentative Vertreter bürgerlich-männlicher Lebensoptionen in der zweiten Hälfte des 19. Jahrhunderts gewinnen Einsicht in die Unzulänglichkeiten ihrer Lebensführung und die Bedingungen wahren Glücks.

VII. Quellen, Textstruktur, Zeitebenen

Babettes Fest handelt sowohl von den (frei?) erfundenen Figuren(-gruppen) Propst, Martine, Philippa, Lorens Löwenhjelm, Achille Papin, Babette Hersant und von Bewohnern des Dorfes Berlevaag als auch von Figuren, die als solche oder als Vertreter bedeutender Familien realgeschichtlich verbürgt sind. Zu diesen gehören insbesondere die im Paris der späten 1860er Jahre bzw. des Frühjahrs 1871 zur Zeit des Bürgerkrieges[31] angesiedelten Figuren General Galliffet (Blixen 2003: 22, 62 f.)[32] sowie „der Herzog von Morny, der Herzog Decazes, der Fürst Naryschkin [...], Aurélian Scholl, Paul [Henri; GH] Daru" (a. a. O.: 74).

Dass Blixen viele Jahrzehnte später noch um diese Figuren weiß, erklärt sich damit, dass ihr geliebter, früh durch Freitod verstorbener Vater Wilhelm Dinesen (1845–1895) nicht nur als Freiwilliger am deutsch-französischen Krieg teilgenommen hatte, sondern auch am französischen Bürgerkrieg. Seine schrecklichen Erlebnisse dort, die ihn zum Anhänger der Kommune bzw. zum erklärten Gegner der bestialisch agierenden Regierungstruppen werden und zur seelischen Erholung bis in den amerikanischen Mittleren Westen fliehen ließen, hat er in dem bereits 1873 erschienenen Bericht *Paris under Communen* festgehalten. Dieses Buch dürfte für Karen Blixen eine wichtige, im Detail bisher seitens der *Babette*-Forschung noch gar nicht hinlänglich ausgewertete Quelle beim Verfassen von *Babettes Fest* gewesen sein, und nur so lässt sich erklären, dass die Erzählstimme des Textes bei Babettes Aufzählung ihrer vormaligen Gäste im weltberühmten Café Anglais[33] von einem „solche[n] Übermaß von tragischen Verwicklungen und Perspektiven" (ebd.) sprechen

---

[31] Der Aufstand der Pariser Kommune vom 18. März bis 28. Mai 1871.

[32] Der General und Kriegsminister Gaston Alexandre Auguste de Galliffet (1831–1909) war maßgeblich an der Niederschlagung des Aufstandes der Pariser Kommune beteiligt.

[33] Das berühmteste Restaurant des 19. Jahrhunderts ist in der Weltliteratur häufiger erwähnt worden, beispielswiese bei Balzac, Flaubert, Zola und Proust. Adolphe Dugléré, seit 1866 Chefkoch im Café Anglais, wurde von Rossini als Mozart der französischen Kochkunst betitelt. – Vgl. auch Anm. 128 und 129.

kann. Die Figuren Martine und Philippa hingegen, die Blixen angesichts der ganz nüchtern und unspezifisch gehaltenen Aufzählung in Tränen ausbrechen lässt (ebd.), können von diesbezüglichen „tragischen Verwicklungen und Perspektiven" überhaupt keine Kenntnis haben.[34] Eine weitere Äußerung im elften Kapitel gibt zudem Anlass darüber zu spekulieren bzw. danach zu forschen, ob es nicht auch für die bzw. einige der erfundenen Figuren historische Vorbilder gegeben hat. Wenn es heißt: „Was sich weiterhin an diesem Abend begab, läßt sich hier nicht mit Sicherheit berichten. Keiner von den Gästen hatte später noch eine klare Erinnerung daran" (a. a. O.: 67), dann kann man das sicherlich einerseits als geschicktes erzählökonomisches Manöver der Autorin ansehen, das sich deren Bemühen um konzentriertes Erzählen oder aber, eher schnöde, publikationspragmatischen Überlegungen verdankt. Man kann aber auch der Frage nachgehen, ob es in den Hinterlassenschaften der profilierten Erzähler-Familie Dinesen – neben den bereits Genannten waren ja auch Karens Großvater Adolph Wilhelm Dinesen (1807–1876) und Bruder Thomas (1892–1979) große, durch vielfältigste Familienbeziehungen und ungezählte Erlebnisse und Erfahrungen bereicherte Erzähler – nicht Hinweise auf reale Geschehnisse gibt, die (Teilen von) *Babettes Fest* zugrunde liegen.[35]

Eine weitere exzessiv genutzte Quelle stellt die *Bibel* dar. Zum einen lassen sich in der Form von Zitaten oder Paraphrasen zahlreiche biblische Episoden und Sentenzen nachweisen. Zum anderen werden Figuren der Novelle ausdrücklich oder implizit mit Figuren der *Bibel* in einen Zusammenhang gebracht. Darüber hinaus spielen auch einige Zahlen wie beispielsweise die 12 und die 100, die in

---

[34] Achille Papin lässt Blixen obendrein in seinem Brief an die Schwestern Martine und vor allem Philippa von den „edelgesinnten Kommunarden" und von den „blutbefleckten Händen des Generals Galliffet" (Blixen 2003: 22) schreiben.

[35] Dafür könnte auch sprechen, dass es im Norwegen des 19. Jahrhunderts insbesondere in ländlichen Gebieten eine starke lutherisch-pietistische Bewegung gab.

der *Bibel* hohe Bedeutung haben, eine wichtige Rolle. Schließlich stehen eine Anzahl von Geschehnissen, allen voran das Festmahl zu Ehren des Propstes, mit biblischen Geschehnissen in Verbindung.

Der Text ist in zwölf mit Titeln versehene Kapitel unterteilt, deren Länge zwischen drei (Kapitel 1: „Zwei Damen in Berlevaag") und zehn Seiten (Kapitel 10: „Babettes Diner") variiert; durchschnittlich sind die Kapitel sechs Seiten lang.[36] Sieht man davon ab, dass in allen Kapiteln die nach Martin Luther benannte Martine oder die nach Philipp Melanchthon benannte Philippa (5) zumindest Erwähnung finden, ist es General Lorens Löwenhjelm, dem drei Kapitel (2, 9 und 11) mit knapp 20 Seiten und damit etwa ein Viertel des Gesamttextes gewidmet sind; Löwenhjelm ist damit rein quantitativ noch vor Babette eine Zentralfigur des Textes und interpretatorisch entsprechend zu würdigen, ebenso wie der Opernsänger Achille Papin, dem die zusammen elf Seiten umfassenden Kapitel drei und vier ‚gehören' und der darüber hinaus auch noch in Kapitel sechs und insbesondere im abschließenden Kapitel zwölf Erwähnung findet.[37]

Wie sich aus den verschiedenen direkten und indirekten Zeitangaben im Text und deren Kombination ergibt, ereignet sich das Hauptgeschehen, das Festmahl anlässlich des einhundertsten Geburtstages des Propstes bzw. das Fest der Titel gebenden Figur Babette, am 15. Dezember 1883.[38] Zu diesem Zeitpunkt sind die Protagonistinnen Martine und Philippa 47 bzw. 46 Jahre alt, da sie 1836 bzw.

---

[36] Kap. 1 = „Zwei Damen in Berlevaag": (Blixen 2003: 5–7); Kap. 2 = „Martines Liebhaber": (a. a. O.: 8–14); Kap. 3 = „Philippas Liebhaber": (a. a. O.: 14–20); Kap. 4 = „Ein Brief aus Paris": (a. a. O.: 20–25); Kap. 5 = „Ruhiges Leben": (a. a. O.: 25–30); Kap. 6 = „Babettes Glückstreffer": (a. a. O.: 30–39); Kap. 7 = „Die Schildkröte": (a. a. O.: 39–44); Kap. 8 = „Der Choral": (a. a. O.: 45–50); Kap. 9 = „General Löwenhjelm": (a. a. O.: 50–56); Kap. 10 = „Babettes Diner": (a. a. O.: 56–64); Kap. 11 = „General Löwenhjelms Rede": (a. a. O.: 65–72); Kap. 12 = „Die große Künstlerin": (a. a. O.: 72–80).

[37] Von daher führt es in die Irre, wenn Neumann (1993: 290) schreibt, Blixens Text sei „ein Bericht über ein Gastmahl und die Lebensgeschichte eines Menschen [Babette; GH]".

[38] Der Propst ist am 15. Dezember 1783 geboren worden, einem Sonntag (vgl. Blixen 2003: 31; vgl. a. a. O. auch S. 25). Im traditionellen jüdisch-christlichen Verständnis gilt der Sonntag, der Tag der Auferstehung Christi (vgl.

1837 geboren wurden (vgl. Blixen 2003: 9), und gelten bereits als „zwei ältere Damen" (a. a. O.: 5). In Verbindung mit der Aussage der Erzählinstanz, dass dieses Festmahl bzw. Fest bereits 65 Jahre zurückliege (ebd.), ergibt sich für deren Erzählen, dass wir uns im Jahre 1948 befinden. Zwölf Jahre vor diesem Fest bzw. Festmahl im Dezember, im Juni des Jahres 1871 (a. a. O.: 20) und zu einem Zeitpunkt, da der Propst bereits tot und die Pariser Kommune niedergeschlagen ist, ist Babette „als ein Flüchtling" zu Martine und Philippa gekommen, „halb irre vor Kummer und Sorge." (A. a. O.: 25) Darüber hinaus sind noch die Jahre 1854 und 1855 von Bedeutung, da in ihnen der damals noch jugendliche Lorens Löwenhjelm (a. a. O.: 9) für einen Monat und der vierzigjährige (a. a. O.: 16) Achille Papin für eine längere unbestimmte Zeit (a. a. O.: 15)[39] nach Berlevaag bzw. in dessen Nähe und in letztlich höchst folgenreichen Kontakt mit den jeweils achtzehn Jahre alten Martine und Philippa kommen. Schließlich ist das Jahr 1882 zu erwähnen, da in diesem Jahr ein „gewisses streitsüchtiges Querulantentum" (a. a. O.: 6) und „Zwiespalt und Zank" (a. a. O.: 31) in der Gemeinde Einzug gehalten hatten.

Strukturell schlagen sich diese Zeitebenen im Text wie folgt nieder: Mit Kapitel eins befinden wir uns dem Zeitpunkt des Erzählens nach im Jahre 1948, der erzählten Zeit bzw. der Geschichte nach hingegen in den Jahren 1882 und 1883, allerdings noch vor dem Fest bzw. dem Festmahl. Mit Kapitel zwei und drei wechseln wir dann im Wesentlichen in die Jahre 1854 bzw. 1855 f., doch werden hinsichtlich Martine und Philippa auch deren Kindheits- und Jugendjahre und hinsichtlich Löwenhjelm und Papin deren Folgejahre knapp angesprochen; von nun ab wird im Übrigen entlang des Zeitstrahls erzählt. Kapitel vier macht einen Sprung um fünfzehn

---

Mk 16,2), als erster Tag der Woche. Mit Blick auf den Propst lassen sich hier also symbolische Ableitungen treffen. – Vgl. auch Anm. 140.

[39] Da es im vierten Kapitel mit Blick auf Achille Papins Aufenthalt heißt, Babette sei „[f]ünfzehn Jahre später, in einer regnerischen Juninacht des Jahres 1871" (Blixen 2003: 20), nach Berlevaag gekommen, muss dieser bis 1856 in Berlevaag geblieben – oder Karen Blixen ein kleiner Rechenfehler um ein Jahr unterlaufen sein.

Jahre ins Jahr 1871, während das nur fünf Seiten umfassende Kapitel fünf die zwölf Jahre zwischen 1871 und 1883 abdeckt. Die Kapitel sechs bis zwölf schließlich spielen, sieht man von einem Hinweis auf das für die Gemeinde unglückselige Jahr 1882 ab (a. a. O.: 31), samt und sonders im chronologischen Verlauf des Jahres 1883, angefangen mit dessen Sommer (a. a. O.: 33), wobei es insbesondere im Fall von Lorens Löwenhjelm und Babette Hersant zu gelegentlichen Rückbesinnungen auf die Vergangenheit kommt. Das Kapitel und damit die Novelle endet rein zeitlich gesehen mit Hinweisen auf den 16. Dezember 1883, einen Sonntag, und geht damit, wie schon die vorherigen Kapitel, über den erzählten Zeitpunkt des ersten Kapitels hinaus. Keine Hinweise werden hingegen für die weitere Geschichte insbesondere der Figuren Martine, Philippa, Babette und Löwenhjelm gegeben, so dass der Leser annehmen muss, dass alles Erzählenswerte auch erzählt worden ist und dass zu diesem Erzählenswerten nicht das weitere faktische Schicksal der Genannten gehört, nicht einmal andeutungsweise.

Aufs Ganze gesehen haben wir es also vom Zeitpunkt des Erzählens aus betrachtet mit der folgenden Struktur zu tun: 1882 / 1. Halbjahr 1883, 1854, 1855, 1871, 1882, 1. Halbjahr 1883, 2. Halbjahr 1883. Diese Struktur erklärt sich dadurch, dass es der Erzählinstanz u. a. um die Aufklärung eines Missverständnisses geht, dem die Bewohner Berlevaags unterliegen. Diese nämlich, die an Martine und Philippa „um ihres seligen Vaters willen mit besonderer Liebe" (a. a. O.: 6) hängen, gehen davon aus, dass die „Frömmigkeit und Herzensgüte der beiden Schwestern" für deren Verhalten gegenüber Babette verantwortlich ist, während die „wahre Ursache" der Erzählerstimme nach „weit zurück in vergangener Zeit" liegt und „tief verborgen in den Kammern des Menschenherzens" (a. a. O.: 7) ruht.[40] In diesem Sinne kann die Novelle auch als eine um Intimes kreisende Detektivgeschichte gelesen werden.

---

[40] Indem das Missverständnis der Bewohner von Berlevaag aufgeklärt wird, werden selbstverständlich vor allem wir als Leser aufgeklärt, darüber nämlich, dass auch die sittsamste und vorbildlichste Lebensführung ihre Wurzeln durchaus nicht in besonderen charakterlichen Anlagen oder moralisch

VIII. Figuren und Figurenkonstellationen

Erzählerstimme

Die Erzählerstimme gehört insofern zu den Figuren des Textes, weil sie für sich nicht nur den eben zitierten Anspruch erhebt, das Verhalten und Interagieren der von ihr erzählten Figuren und Geschehensabfolgen wenn auch nicht gänzlich,[41] so doch besser zu verstehen als diese selbst bzw. einige von diesen, sondern weil sie es sich auch durch über den Text verstreute Kommentare und sprachliche Perspektivierungen erlaubt, etwas von sich als Mentalitätssignatur und von ihrem Verhältnis zu den erzählten Figuren preiszugeben.[42] Darüber hinaus ist es selbstverständlich sie, die darüber entscheidet, was in annähernd fünfzig Jahren (Interaktions-)Geschichte Einzelner die entscheidenden Momente, Geschehnisse, Erlebnisse und Erfahrungen gewesen sind. Anders formuliert: Die Erzählerstimme spricht sich das Recht zu, fünfzig lange Jahre Figurengeschichte dermaßen auf den – zugleich anekdotischen und novellistischen – Punkt zu bringen, dass das im gewählten Beispiel aufscheinende Leben als solches nur als eine Abfolge von Zufällen, Missverständnissen, ironisch gewendeten Intentionen, Vorläufigkeiten und Fragmenten erscheinen kann. Mit diesem Leben gehen über lange Zeiträume mehrheitlich Verluste, Entmächtigungen, Verzichtsleistungen, Selbstverleugnungen, Entwürdigungen und dergleichen mehr ein-

---

überragenden Willensentscheidungen haben muss, die Anlass zur Bewunderung gäben, sondern die Folge von jenen menschlich allzu menschlichen Sorgen, Nöten, Ängsten, Versäumnissen, Verbiegungen usw. usf. sein kann, denen die meisten von uns in ihrer Durchschnittlichkeit unterworfen sind.

[41] Wenn die Erzählerstimme beispielsweise vom „Unauslotbaren" (Blixen 2003: 30) im Wesen Babettes spricht, macht sie deutlich, dass sie für sich nicht mehr den Anspruch der Allwissenheit stellt. Das u. a. macht *Babettes Fest* sicherlich zu einem Text der Moderne; der steht jedoch andererseits noch fest in den realistischen Traditionen des 19. Jahrhunderts.

[42] Von Löwenhjelm und Mitgliedern der Gemeinde heißt es beispielsweise beim Festessen: „[Er] stolzierte und prunkte wie ein Wappenvogel, ein Goldfasan oder Pfau, in dieser anspruchslosen Gesellschaft von Krähen und Dohlen." (Blixen 2003: 50)

her, und wo es denn doch auf einen Augenblick einmal gelingt und Glück und Seligkeit aufscheinen lässt, hat sich dies einem unverhofften Geschick, einer kurzfristig wirksamen Willensleistung, einer gnädigen Fügung oder ganz trivial euphorisierenden Narkotika zu verdanken. Diese Sachverhalte bringen den einen bzw. die eine, wie die ganz und gar im Irdischen und dessen Intensitäten haftende Babette, zum Erstarren, andere, wie die Gemeindemitglieder, in einen vorübergehenden, unschuldigen Rausch und Dritte, wie die dem väterlichen Glauben und dessen Vertrauen in Gottes unergründliche Wege (a. a. O.: 17) folgende Philippa, zum Hoffen auf das Paradies als denjenigen Ort, an dem jegliche „gebrechliche Einrichtung der Welt"[43] aufgehoben ist.

Die Mutter

Es gehört zu den Auffälligkeiten des Textes, dass von der Frau des Propstes bzw. der Mutter von Martine und Philippa mit keinem Wort erzählt wird, sieht man einmal davon ab, dass an einer Stelle von ihrem „Nähtischchen" (a. a. O.: 47) die Rede ist. Es muss diese Mutter also als Familienmitglied, als Ehefrau des Propstes, Begleiterin Martines im ersten Lebensjahr, Gebärende zumindest noch von Philippa einmal gegeben haben. Diese totale Abwesenheit der Mutter öffnet Spekulationen Tür und Tor. Argumentiert man sinnvollerweise erst einmal vom Text und nicht von dem Text übergestülpten Theorien aus, könnte man zu der Vermutung kommen, dass die novellistische Erzählökonomie Blixens, die auf Schlüsselfiguren und anekdotenhafte Schlüsselgeschehnisse und -erlebnisse setzt, für das Fehlen der Mutter verantwortlich ist: Die Mutter – darin dem biblischen Josef von Nazaret als dem Ziehvater Jesu verwandt[44] – ist

---

[43] Vgl. Heinrich von Kleists *Michael Kohlhaas* (Kleist 1986: 14).

[44] Wenn das *Neue Testament* im Unterschied zu *Babettes Fest* einige Einzelheiten aus dem Leben Josef von Nazarets berichtet, widerspricht das dieser Verwandtschaft nicht, sind doch die beiden genannten Texte bzw. Textsammlungen von gravierend unterschiedlicher Länge und erzählerischer Natur. – Vgl. auch Anm. 46.

weder für das Denken und Handeln des Propstes noch für dasjenige der Gemeinde noch für die charakterliche Formung von Martine und Philippa[45] von irgendeiner Bedeutung gewesen und von daher einfach nicht erzählenswert.

Der Propst

Der Propst, ein „Prophet" und „Gründer einer pietistischen Partei oder Sekte" (a. a. O.: 6), wie die Erzählerstimme sagt, ist schon jenseits der fünfzig, als er Vater wird.[46] Für ihn ist die „Erde mit ihren sämtlichen Gaben" nichts anderes als „Sinnentrug", die „einzige Wirklichkeit" hingegen „das Neue Jerusalem".[47] Als glühender Lutheraner[48] „verfärbt[] [er] sich ein bißchen" (a. a. O.: 17), als er hört, dass Achille Papin, der die Tochter Philippa in Gesang unterrichten möchte, „römisch-katholisch" (ebd.) ist, doch vertraut er darauf, dass „Gottes Wege [...] übers salzige Meer durchs Schneegebirg [laufen], wo ein Menschenauge keine Spur gewahrt." (Ebd.) Damit wird er am Schluss der Novelle zwar recht behalten, freilich

---

[45] Vgl. die folgende Anm.

[46] Das ergibt sich aus der Kombination der Zeitangaben für seine Töchter und für ihn (Blixen 2003: 9, 31). – Ob man den Propst und seine Töchter mit der Geschichte von Lot und dessen Töchtern in Verbindung bringen könnte, in der Lots Frau bekanntlich zur Salzsäule erstarrt und damit für das weitere Geschehen keine Rolle mehr spielt? Augenfällig ist immerhin, dass Martine und Philippa ganz und gar durch das Denken und den Glauben ihres Vaters geprägt sind und in diesem übertragenen Sinne tatsächlich von ihm geschwängert wurden. – Vgl. auch Anm. 44.

[47] Das neue Jerusalem ist in vielerlei Hinsicht durch die Ziffer 12 geprägt, die im gesamten Text immer wieder eine prominente Rolle spielt; vgl. dazu Off 21,11–15. – Vgl. auch Anm. 107, 139 und 141.

[48] Allerdings erscheint der Propst mit seiner Betonung von Askese und Gemeindezucht Zwingli und vor allem Calvin wesentlich näher zu sein als Luther. Aussprüche Luthers bzw. Luther zugeschriebene Aussprüche wie „Für die Toten Wein, für die Lebenden Wasser: Das ist eine Vorschrift für Fische", „Glaube ohne Liebe ist nichts wert", „Unser Herrgott gönnet uns gern /, Dass wir essen, trinken und fröhlich sind", „Der Glaube bringt den Menschen zu Gott, die Liebe bringt ihn zu den Menschen" oder „Die Jugend soll nicht traurig sein, sondern heiter und fröhlich. Junge Menschen sollen voll Frohsinn sein" (Luther ³1962 / 2017) wären dem Propst ganz gewiss nicht über die Lippen gekommen. – Vgl. auch Anm. 54.

in einem anderen als dem von ihm angenommenen Sinn. In diesem Zusammenhang ist auch darauf hinzuweisen, dass der Propst nicht nur seine Gemeinde nicht dauerhaft hat befrieden können, sondern auch seine beiden Töchter faktisch zu gänzlich weltfremden Wesen erzogen und mehr als nur eine „Tür offenstehen lassen [hat] zu Dingen, die den zwei Schwestern […] bislang unbekannt waren." (A. a. O.: 31) Mit anderen Worten: Als Gemeindevorstand wie als Vater hat der Propst versagt. Dennoch wird er sowohl von den Töchtern als auch von der Gemeinde noch viele Jahre nach seinem Tod glühend verehrt. Anlässlich der Feier zu seinem einhundertsten Geburtstag spricht man sein, jeder kulinarischen Haltung und jedem Genuss abholdes Tischgebet, dem zufolge Speisen ausschließlich der Ernährung des Körpers, der wiederum dem Wohlergehen der Seele, diese wiederum dem Preis des Herren (a. a. O.: 57) dient, um danach viel von jenen ‚guten alten' Zeiten zu erzählen, „als der Propst noch unter den Seinen weilte" (a. a. O.: 60) – womit der Propst rein sprachlich in die Nähe zu Jesus gerückt wäre;[49] dies in mehr als ironischer Weise allerdings, wie sich zeigen wird.

Martine und Philippa

Von der durch den Vater bewirkten „Frömmigkeit", aber auch Weltfremdheit der beiden Schwestern war bereits die Rede, ebenso von ihrer behaupteten „Herzensgüte", ebenso von ihren führenden Reformatoren huldigenden Vornamen, ebenso von der völligen Abwesenheit ihrer Mutter und von ihrem Alter.

Rein das Äußere betreffend, wird gleich eingangs hervorgehoben, dass sich die Schwestern noch als Endvierzigerinnen so „rank und schlank" gehalten haben wie in ihrer Jugend[50] und dennoch

---

[49] Im selben Atemzug ist auch von „Mirakel[n]" die Rede, die der Propst vollbrachte. Wie von ihm angekündigt – er selbst sieht sich frevelhafter Weise also als Jesus-Figur – soll er einmal „übers Wasser" gelaufen sein – ein zu überwindender Fjord war über Nacht plötzlich zugefroren (a. a. O.: 60). – Vgl. auch Anm. 142.

[50] Ob die Bezeichnung „rank und schlank" bzw. Martine und Philippa damit die These von Schnurbeins stützen, Frauenfiguren bei Blixen schlössen sich

keine modische Tournüre tragen, die sie dem Zeitgeschmack nach zieren würde;[51] „zeitlebens" haben sie sich vielmehr „in züchtiges Grau und Schwarz gehüllt" (a. a. O.: 5). Und es wird betont, dass sie in ihrer Jugend von der „beinahe übernatürlichen Schönheit eines blühenden Obstbaums oder des ewigen Schnees" (a. a. O.: 8) gewesen seien und deshalb einigen „älteren Gemeindebrüdern" – für allein dem „Neuen Jerusalem" zugewandte Asketen ganz und gar unschicklich – „köstlicher […] als Edelsteine" (ebd.)[52] erschienen seien.

Während diese letzte, die Gemeinde in ihrem Selbstverständnis ironisierende Bemerkung bislang nicht eigens bedacht wurde, haben die beiden anderen Bemerkungen zu weitreichenden, das gesamte Textverständnis mitbestimmenden Schlussfolgerungen Anlass gegeben. Die Schlankheit der Schwestern auch noch in späteren Jahren ist mit Anorexie in Verbindung gebracht worden,[53] sie selbst schon

dem „anorektische[n] Kunstideal" (von Schnurbein 2008: 135) Blixens an? Die ‚Heldin' Babette Hersant tut dies jedenfalls ganz gewiss nicht. – Vgl. in diesem Zusammenhang auch die psychoanalytische Deutung der Novelle bei Rashkin (1995), die nachfolgende Anm. sowie die Anm. 53, 111, 112 und 153.

[51] Von daher stimmt es nicht, dass Philippa und Martine eine „Normalisierung des Körpers" u. a. durch Mode (von Schnurbein 2008: 138) betreiben. Ihre Schönheit bedarf gar keiner modischen Accessoires, diese mindern ggf. vielmehr deren Absolutheit; nach Löwenhjelm sieht „Martine ohne Hütchen noch viel hübscher" (Blixen 2003: 10) aus als mit.

[52] Steine als Symbol tauchen im Text verschiedentlich auf. Im Einzelnen kann dem an dieser Stelle nicht nachgegangen werden. Es greift allerdings zu kurz – das zeigt die Rede von den „Edelsteine[n]" Martine und Philippa –, wie von Schnurbein im „Symbol des Steins […] insbesondere die religiösen Ambiguitäten der Figur der Babette und des Textes gefasst" zu sehen (von Schnurbein 2008: 141). Die a-religiöse Babette selbst weist im Übrigen gar keine „religiösen Ambiguitäten" auf; sie wird lediglich von unterschiedlichen Stimmen bzw. Figuren mit unterschiedlichen Steinen, auch solchen nicht-religiöser Art (zum Schluss wird sie zum „steinerne[n] Denkmal", Blixen 2003: 79) in Verbindung gebracht. – Vgl. auch Anm. 102 und 103.

[53] Nach von Schnurbein hat der Text eine „Körperthematik". Diese sei insofern von Interesse, als sich daraus Schlüsse „auf die metapoetischen Aspekte von Blixens Erzählen" (von Schnurbein 2008: 137) ziehen ließen. Die „metapoetische Botschaft" des Textes laute: „Kunst bzw. Literatur basiert auf einem Akt der Manipulation oder auch Kontrolle der Lesenden durch einen Autor / eine Autorin", doch habe der Künstler bzw. der Autor dafür wie Babette im Text einen Preis zu zahlen, nämlich den „Verlust bzw. die Verleugnung des Körpers, die Entkörperlichung bzw. die Verweigerung von Essen, die >an-

als Jugendliche mit Leben und Tod. Anzumerken ist zum einen allerdings, dass an keiner Stelle des Textes davon die Rede ist, dass die Schwestern Essgewohnheiten hätten, die man als auffällig bezeichnen oder sogar unter Pathologieverdacht stellen müsste; auch ihre Körper werden an keiner Stelle in ein fragwürdiges Licht gerückt. Es wird lediglich erzählt, dass sich die Schwestern wie alle anderen Gemeindemitglieder auch sehr einfach vorwiegend von „Stockfisch und Brotsuppe mit Bier"[54] ernähren und bei ihrer Begegnung mit Babette zunächst ungute Gedanken „an überzüchtetes französisches Wohlleben" (a. a. O.: 26) gehabt haben. Ansonsten aber fällt kein Wort, gibt es keine halbwegs belastbare Andeutung über Martine und Philippas Essgewohnheiten und ihre Körper bzw. hinsichtlich ihres Aussehens im Spannungsfeld von gesund und krank.[55]

Was das Verhältnis zum Leben und zum Tod andererseits anbelangt, ist zunächst einmal darauf hinzuweisen, dass die Schönheit

---

orektische< Struktur." (A. a. O.: 145) Bei genauerem Hinschauen zeigt sich allerdings, dass im Text Körperliches nur ganz beiherspielend angesprochen und wie im Falle von Babette Hersant mit dramatischen Lebensumständen, mit monatelanger schwerer körperlicher Arbeit sowie mit nachvollziehbaren, geschlechtsunabhängigen arbeitspragmatischen Bedingungen in Verbindung gebracht bzw. erklärt wird; Babette entkörperlicht sich im Übrigen ebenso wenig, wie sie das Essen verweigert. Sicherlich hat die Schlankheit der Schwestern Martine und Philippa auch in späteren Lebensjahren etwas mit ihrer kargen, religiös begründeten Ernährung und in Zusammenhang damit mit einer Geringschätzung des Körpers und von Körperlichem gegenüber Seelischem und Geistigem zu tun. Aber gibt das im Falle der Schwestern wie generell tatsächlich Anlass, diese relationale Geringschätzung unter Pathologieverdacht zu stellen? Inwiefern sich also von den raren, anders kontextualisierten Belegstellen Rückschlüsse auf Metapoetisches bei Blixen ziehen lassen sollen, erschließt sich mir nicht. – Vgl. auch die Anm. 50, 51, 111, 112 und 153.

[54] Diese Speisen stehen selbstverständlich in unmittelbarem Bezug zur Eucharistie und zum Transsubstantiationsgedanken des Abendmahls. Das Bier als Getränk der Armen ersetzte traditionell das eucharistische Symbol Wein, wie sich etwa an der Stillleben-Tradition ablesen lässt; vgl. dazu näher Neumann (1993: 291). – Hier wäre im Übrigen auch noch einmal an Luthers Verhältnis zu Bier und Wein zu erinnern; vgl. Anm. 48.

[55] Wie hier zuvor bereits angedeutet, hat sie auch der Vater keineswegs zum Fasten oder gar zum Hungern erzogen; er hat lediglich den Genuss am Essen als unchristlich zurückgewiesen (Blixen 2003: 57).

der beiden Schwestern mit der Schönheit von Naturphänomenen in ein von Abstrichen bestimmtes Ähnlichkeitsverhältnis gebracht wird, sie selbst als Personen aber keineswegs. Dann sagt der Text, dass der – „ewige[]"– „Schnee[]" von der gleichen „übernatürlichen Schönheit" sei wie ein „blühender Obstbaum[]", wobei „ewig" und „übernatürlich" auf Konnotativ-Transzendentales verweisen;[56] da „Schönheit" das tertium comparationis ist, müssten folglich auch Leben und Tod wechselseitig voneinander affiziert sein und in den Interpretationen entsprechend konzeptualisiert werden. Viel entscheidender aber ist: Wo steht es denn im Text, dass hier mit „Schnee" „Tod" zu assoziieren sei, wie in der Forschung immer wieder zu lesen ist? Übersieht eine solche Lesart nicht zumindest mögliche kulturelle Differenzen im metaphorischen Gebrauch von „Schnee" in Skandinavien, wo die Geschichte spielt, und im Mitteleuropa jener Interpreten? Doch selbst in Mitteleuropa und überhaupt in der abendländisch-christlichen Tradition hat „Schnee" über Jahrhunderte hinweg auch ganz andere, positiv besetzte metaphorische Verwendungen gefunden, beispielsweise in der Lyrik der Hoffmann von Hoffmannswaldau und Brockes, in der „Schnee" gemäß genereller barocker Beschreibungskonventionen eine Schönheitsnorm darstellt, oder bei Heinrich Heine.[57] Vollends gar die *Bibel*, die in *Babettes Fest* allgegenwärtig ist, bringt „Schnee" nicht vorrangig mit „Tod" in Verbindung, sondern mit jungfräulicher

---

[56] Die *Bibel* kennt unter anderem den „Baum des Lebens" und den „Baum der Erkenntnis". „Baum" steht häufig für einen Wachstumsprozess, für psychische Entwicklung und für persönliche Entfaltung, aber auch für die Verbindung von Erde und Himmel sowie Körper und Geist. Auch individuelles und familiäres Leben werden gerne im Bild des Baumes erfasst. – Vgl. auch Anm. 151.

[57] Hoffmann von Hoffmannswaldau spricht in *Vergänglichkeit der Schönheit* (1695) von „Der schultern warmer schnee", der „kalter sand" werden wird (Barock 1975: 71); in Brockes' *Kirsch-Blüte bey der Nacht* (1727) erscheint der Schnee als das schönste irdische Weiß, das freilich gemessen am himmlischen „Glanz" nur „schwarz" zu sein scheint (*Die vier Jahreszeiten* 1991: 43 f.); in Heinrich Heines *An deine schneeweiße Schulter* (Heine 2014: Zyklus „Die Heimkehr", LXXIII,) ist diese der Ort, an dem das lyrische Ich ein letztes Mal „doppelt selig" ruhen möchte, bevor sich die Liebste anderen Männern, „Husaren" nämlich, zuwendet.

Reinheit und Keuschheit, ja mit der Gottesmutter Maria selbst. Und eben dies ist auch hier der Fall, die äußere Schönheit von Martine und Philippa ist eine solche, die zugleich betörende ‚Larve' ist und sich doch auch ihrer inneren Schönheit verdankt.[58] Im Übrigen wird „Schnee" durch die gesamte Novelle hinweg – von den „schneeigen Gipfel[n]" (a. a. O.: 15) über das „Schneegebirg" (a. a. O.: 17) und den „schneegeborene[n] Sopran" Philippas (a. a. O.: 23) bis hin zum Schneien am einhundertsten Geburtstag des Propstes und dem, was er mit den Gemeindemitgliedern macht – nicht mit „Tod" in Verbindung gebracht, sondern mit Vollendung, Ruhe, Geborgenheit, Reinigung und göttlicher Gnade.[59]

Was das Thema „Liebe" anbelangt, sind Martine und Philippa von einer ebenso anrührenden wie sie auf Dauer gefährdenden (s. u.) Unwissenheit, sind sie doch vom vielleicht wohlmeinenden, tatsächlich jedoch ‚betrügerisch' handelnden Propst ausschließlich „zu einer Idealvorstellung von himmlischer Liebe erzogen" worden: Sie „wußten von nichts anderem und ließen sich nicht berühren von weltlichen Flammen." (A. a. O.: 9)[60] Doch sind, wenn es sich um Liebesangelegenheiten handelt, Martine und Philippa durchaus nicht in einen Topf zu werfen; sie verkörpern vielmehr ihrer Anlage nach unterschiedliche, antipodische Konzepte von Liebe, ein von Sinnlichkeit freies und ein an Sinnlichkeit gebundenes. Während Martine schon bei dem weltlichen Gedanken „zittert[]", Papin

---

[58] Löwenhjelm sieht in der äußeren Martines innere Schönheit (Blixen 2003: 10). Für ihn ist Martine „so schön […], daß es die Luft ringsum vor Reinheit und Heiligkeit glänzen machte" (a. a. O.: 13).

[59] Am einhundertsten Geburtstag des Propstes beginnt es kräftig zu schneien (Blixen 2003: 45), an dessen Ende hingegen schneit es nicht mehr (a. a. O.: 70). Als die ganz offensichtlich trunkenen Gemeindemitglieder nach Hause „schwank[]en" und so oder so in den Schnee fallen, werden sie „über und über weiß von Schnee, als wären wirklich ihre Sünden weißgewaschen wie Wolle" (a. a. O.: 70). In der Nacht dann schneit es wieder so heftig, dass die Fenster der Häuser so zugeschneit sind, „daß viele gute Bürger im Ort vom Tagesanbruch gar nichts bemerkten und bis tief in den Nachmittag hinein schliefen" (a. a. O.: 72), sich also von ihren ‚Exzessen' am Abend zuvor erholen können.

[60] Diese Feststellung bestärkt darin, „Schnee" mit Blick auf die Schwestern als Metapher für jungfräuliche Reinheit zu lesen.

könnte Philippa geküsst haben (a. a. O.: 20), und es von ihr nach dem ‚Abenteuer' mit Löwenhjelm heißt, dass sie in späteren Jahren, wenn von Löwenhjelm gesprochen wurde, „mit einem ruhigen und hellen Gesicht" (a. a. O.: 14) reagierte, gänzlich unbefangen, begierdelos und zugleich doch glücklich erfüllt also,[61] verschweigt Philippa – aus einer dunklen Ahnung der damit verbundenen Lockung heraus wohl – dem Vater und der Schwester gegenüber jene Perspektiven,[62] die Achille Papin für sie als eine zukünftig in Paris gefeierte Künstlerin entwickelt hat (a. a. O.: 18). Doch ist es damit nicht getan. Nachdem Philippa mit Papin schließlich das berühmte *Là ci darem la mano* aus Mozarts *Don Giovanni* (a. a. O.: 18 f.) gesungen[63] und Papin sie im Anschluss „wie ein Verlobter seine Braut am Altar" (a. a. O.: 19) geküsst hat, kündigt sie ohne weitere Erläuterungen über ihren Vater die Gesangsstunden bei Papin auf (ebd.).[64] Dies allerdings nicht aus Empörung oder dergleichen, sondern weil sie, darin Emilia Galotti gleich, „über etwas in ihrer eigenen Natur überrascht und erschrocken" (a. a. O.: 20) ist; Philippa fürchtet ihre eigenen Begierden und ihre eigene Verführbarkeit, und darüber zu reden, ist ihr in einem Haus, in dem alles Irdische Tabu ist und die eigene Schwester ängstigt,[65] fortan unmöglich.[66]

---

[61] Diese Lesart wird durch den Schluss der Novelle bestätigt. Als Löwenhjelm Martine versichert, sein ganzes Leben lang täglich an sie gedacht zu haben, bestätigt Martine, dass sie darum gewusst hat (vgl. Blixen 2003: 69 f.).

[62] Papin prophezeit Philippa einen kometenhaften Aufstieg zur über alle Klassen- und sonstigen Grenzen hinweg gefeierten Diva (Blixen 2003: 18); dereinst werde sie „im Café Anglais" ein „prächtiges Souper" (ebd.) einnehmen.

[63] Aufschlussreich könnte es sein zu überprüfen, ob und inwieweit Karen Blixen die Don Juan bzw. den *Don Giovanni* betreffenden Überlegungen ihres Landsmannes Søren Kierkegaard zur Kenntnis genommen hat. – Vgl. zu diesen Überlegungen auch Helmes (2012).

[64] Weder für Martine noch für Philippa kann man deshalb sagen, dass die Begegnungen mit Löwenhjelm und mit Papin „schüchterne Versuche" darstellen, „sich von der Allmacht des Vaters zu lösen." (Neumann 1993: 290)

[65] „Sie konnte sich nicht vorstellen", heißt es von Martine, „daß ihre Schwester über etwas in ihrer eigenen Natur überrascht und erschrocken sein könnte." (Blixen 2003: 20)

[66] Im Unterschied zum militaristischen Karrieristen Löwenhjelm wird ironischerweise über den ganz und gar aufrechten und friedlichen Künstler Papin

Als Babette in das Haus der beiden Schwester kommt, „zittern"[67] beide bei dem Gedanken, dass es sich bei ihr um eine Papistin handelt und empfinden sie folglich als Bedrohung (a. a. O.: 25). Da sie ihr aber um des Gebotes zur Nächstenliebe willen nicht wie ihren ‚bedrohlichen' Verehrern ausweichen bzw. entfliehen können, können sie sich nur dadurch zur Ruhe bringen, dass sie den „moralischen Ansporn" (a. a. O.: 26) entwickeln, Babette zu bekehren – womit sie freilich grandios scheitern, berührt Babette deren stets auf Askese und Ich-Verleugnung hinauslaufendes Handeln doch allenfalls negativ; an keiner Textstelle ist erkennbar, dass ihr der protestan-

---

im frommen Propst-Haus künftig kaum noch gesprochen: „Es fehlte ihnen an den richtigen Worten dazu" (Blixen 2003: 20), heißt es.

[67] Bezüglich des häufigeren Zitterns oder Schauderns von Martine und Philippa ist bei von Schnurbein (von Schnurbein 2008: 139) zu lesen, dass die Schwestern aufgrund ihrer Schönheit in der Jugend „von vornherein metaphorisch in einem Zwischenbereich zwischen Leben und Tod, Kunst und Religion situiert" seien, „als dessen körperlicher Ausdruck ihr ständiges »skælven«, also Zittern oder Beben gelesen werden kann." Diese Aussage ist im Ganzen kaum nachzuvollziehen, zumal sie auch nicht zwischen Martine und Philippa unterscheidet. Martine – und nur Martine – „zittert" (Blixen 2003: 20) beispielsweise bei dem Gedanken an Erotik, an den Kuss, den Papin möglicherweise Philippa gegeben hat. Philippa hingegen „zittert[]" und „bebt[] " (a. a. O.: 79) zum Schluss, als sie Babette umarmt, weil ihr Babettes und ihr eigenes Lebensdrama zu Bewusstsein gekommen ist. Martine und Philippa zittern darüber hinaus beispielsweise bei dem Gedanken an die andere Kirche, der Babette angehört (a. a. O.: 25), und weil sie, die in fester Ordnung Lebenden, die Revolution und damit das Chaos fürchten, für die Babette auch steht, „überrieselt" sie ein „kleiner Schauder" (a. a. O.: 30). Das „Zittern und Beben" (s. o.) Martines und Philippas ist also ganz handfester, innerweltlicher Natur und passt bestens zu ihrer Weltfremdheit und Angst vor der Welt. Von daher bedarf es zu seiner Erklärung keiner interpretatorischen Klimmzüge. Übersehen wird in Zusammenhang mit dem Thema „Zittern" zudem, dass dies auch andere Figuren im Text tun. Einem „betagte[n] Bruder" beispielsweise zittert die Stimme (a. a. O.: 49) und Lorens Löwenhjelm zittert bei der Vorstellung, Gottes Gnade könnte begrenzt sein (a. a. O.: 66). Löwenhjelm erklärt das Zittern sogar zu einer anthropologischen Konstante, die aus den prekären, letztlich von Unwissen geprägten Daseinsbedingungen des Menschen resultiert: „Wir zittern, bevor wir unsere Wahl im Leben treffen, und wenn wir sie getroffen haben, zittern wir aufs neue, aus Furcht, daß wir falsch gewählt haben." (A. a. O.: 66) Martine und Philippa und deren Zittern stellen also lediglich eine besonders ausgeprägte menschliche Verhaltensweise dar, die ihrer besonderen Erziehung geschuldet ist.

tisch-pietistische Glaube der Schwestern, ja Glauben überhaupt irgendetwas bedeuten würde. So sehr sind Martine und Philippa in ihren weltfremden, erfahrungslosen Projektionen gefangen, dass sie gar nicht merken, wie sehr sie beständig an Babette vorbei denken und reden und eigentlich gar nichts über deren Denken, Empfinden, Wollen und Wünschen in Erfahrung bringen (a. a. O.: 27 ff.). Auch nach Jahren des gemeinsamen Lebens unter einem Dach wissen sie faktisch nichts über Babette als Person und können in ihr, wie ihre Gemeindemitglieder auch, nichts anderes sehen als „die gute und getreue Dienerin" (a. a. O.: 35). Dass dies der Fall ist, ist letztlich Martines und Philippas Eigensinn, ja ihrer Eigensucht geschuldet, die in dem Moment endgültig zum Vorschein kommt, als Babette 10 000 Francs in der Lotterie gewinnt und die Schwestern davon ausgehen, dass diese nunmehr das Haus verlassen und nach Paris zurückkehren wird. Sie versuchen zwar Babette zu beglückwünschen,[68] doch müssen sie dabei sogleich an die „Sorgen und Beschwerlichkeiten" denken, die nun vermeintlich auf sie zukommen werden, so dass ihnen ihre Glückwünsche „auf den Lippen" (a. a. O.: 35) ersterben. Doch da es sich bei Martine und Philippa ja durchaus um wohlmeinende, beflissene und auch altruistisch gesinnte Personen handelt, bleibt ihnen der in ihrem „Schweigen" Gestalt annehmende Widerspruch ihrer Empfindungen durchaus nicht verborgen, so dass die Erzählinstanz sagen kann, dass sich „die zwei frommen Frauen […] ihres Schweigens" (ebd.) schämten.

Dieses Schämen und nicht die ihnen nachgesagte „Herzensgüte" (s. o.), dieses hintergründige Wissen um ihren nach ihren religiösen Überzeugungen verwerflichen Egoismus trägt dann wohl wesentlich dazu bei, dass Martine und Philippa quasi in einem Akt des Ausgleichens in die wortwörtlich „aus Herzensgrund"[69] (a.a. O.: 38)

---

[68] Bei dieser Gelegenheit zittern sowohl Martine als auch Philippa: „Sie hatten noch nie einer Person die Hand gedrückt, die einen Augenblick zuvor in den Besitz von zehntausend Francs gekommen war" (Blixen 2003: 34), heißt es.

[69] An der Rede von „Herzensgüte" einerseits und von „Herzensgrund" andererseits kann man einmal mehr ablesen, wie akribisch Blixen ihre Novelle bis in Details durchgearbeitet hat.

vorgetragenen Bitten Babettes einwilligen. Dabei müssen sie sich das von dieser angekündigte Festessen zur Feier des einhundertsten Geburtstages des Propstes allerdings als „Abendessen" (a. a. O.: 39) kleinreden, weil sie ansonsten in den nächsten Konflikt stolpern würden, denjenigen mit ihrem asketischen Lebensprogramm nämlich. Zu diesem Kleinreden, das seine Parallele darin hat, dass sich die Schwestern fortan neben der in Aktivitäten explodierenden Babette „winzig klein" vorkommen, gehört aber selbstverständlich auch die gänzliche Ahnungslosigkeit in allen weltlichen Dingen, die sich hier beispielsweise darin zeigt, dass Martine „nicht im entferntesten geahnt [hatte], daß ein Wein einen eigenen Namen haben könnte" (a. a. O.: 41). Und es gehört die Lebensbegleiterin Angst dazu, die die beiden Schwestern und insbesondere die im Verhältnis zu ihrer Schwester noch lebensfernere Martine ja stets sofort ergreift, wenn ihnen bzw. ihr irgendetwas begegnet, das außerhalb jenes winzigen Fundus an Weltwissen liegt, den ihnen der Vater beigebracht hat. So entwickelt Martine „das Gefühl, daß sie und ihre Schwester ausgerechnet an seinem [des Propstes; GH] Geburtstag sein Haus für einen Hexensabbat zur Verfügung stellten" (a. a. O.: 42), ein Gefühl, das in dem Albtraum kulminiert, „Babette […] vergiftete die alten Brüder und Schwestern [die Gemeinde; GH], Philippa und sie selbst" (a. a. O.: 43). Das wird zwar in gewisser Weise zutreffen, doch wird das ‚Gift' heilsamer Natur sein und von daher im Sinne der unergründlichen Wege des Herrn von einer erneuten ironischen Wendung der Dinge zeugen. Schließlich kann die in ihren Widersprüchen hilflos zappelnde und verzweifelnde Martine nicht mehr anders, als am Morgen des einhundertsten Geburtstages ihres Vaters „frühmorgens" von Haus zu Haus zu gehen, um ihren Gemeindemitgliedern unter Tränen „ihre Schuld" (ebd.) zu bekennen, die sie ihrer Ansicht nach auf sich geladen hat, indem sie, als die Ältere, zusammen mit Philippa Babette das Ausrichten des Festtages übertragen hat.

Auf dem Fest selbst verhalten sich die beiden Schwestern wie alle Festteilnehmer recht bald geradezu wie in Trance. Das hat u. a. mit dem kunstvollen Aufbau des dîner français zu tun, der dafür sorgt, dass alle „jeden Gedanken an Speis und Trank [...] vollkommen aus [ihrem] Bewußtsein verbannt" haben und von daher – der Gedanke an Luther drängt sich auf – „im rechten Geist" (a. a. O.: 62) zu essen und zu trinken vermögen (s. u.). Als dieses dîner dann vorüber ist, können sich auch Martine und Philippa wie – mit der Ausnahme Lorens Löwenhjelm – alle anderen „an keines der Gerichte erinnern", auch „wenn sie sich die größte Mühe gaben" (a. a. O.: 72), und sprechen wiederholt nur von einem „nette[n] Essen" (a. a. O.: 72 f.); wohl aber nehmen sie wahr, dass sie und ihre Gäste zusehends in eine festliche, von tiefer Friedfertigkeit, Harmonie und sogar Seligkeit getragenen Stimmung geraten sind.

Doch veranlasst diese Wahrnehmung die beiden Schwestern wieder einmal zu einem veritablen Fehlschluss, wenn es um Babette geht; wieder einmal zeigt sich, dass sie nur durch ihre trübe und an den Seiten abgeschirmte Brille zu sehen vermögen, die ihnen vorgaukelt, wie Gott selbst irdisches Geschehen gestalten, prognostizieren und überblicken zu können. Martine und Philippa nämlich nehmen in ihrer, ihnen sicherlich nicht bewussten Hybris an, dass „Babette als einzige [...] keinen Teil gehabt [hatte] an den Segnungen des Abends" (a. a. O.: 72). Aufgrund dieser Annahme kommt Philippa, die sich im Übrigen durchgängig als die gegenüber Martine Sensiblere erweist, zu dem „Empfinden, daß hier ein unvergeßlicher Abend seine Krönung erfahren sollte [Hervorh. GH] in einem unvergeßlichen Beispiel menschlicher Treue und Selbstaufopferung." (A. a. O.: 76) Damit spricht sich Philippa nichts anderes zu als die Fähigkeit, Gottes Weg erforschen zu können und erforscht zu haben.

Umso konsternierter ist Philippa und ist mit ihr die ein weiteres Mal zum Zittern gebrachte Martine,[70] als Babette ihnen trium-

---

[70] „Martine schaudert[]", als sie sich einer Geschichte erinnert, „die ein Freund ihres Vaters aus seiner Missionarszeit in Afrika erzählt hatte." Ohne dass er es wusste, war dem Missionar aus Dankbarkeit für eine Lebensrettung ein „gut durchwachsenes kleines Enkelkind" (S. 76 f.) des Häuptlings als Speise vorgesetzt worden. – Im Unterschied zur antiken Mythologie kennt die *Bibel* keine Textstellen, die von religiösem, rituellem, magischem oder an Konventionen gebundenem Kannibalismus berichten. Insofern sperrt sich diese Textstelle gegen eine interpretierend-argumentative Zuordnung. Mit-

phierend eröffnet, einzig um ihrer selbst willen gehandelt zu haben (ebd.). Doch ereignet sich daraufhin Erstaunliches. Philippa lässt sich nicht nur von Babette mit „Sie Arme!" (a. a. O.: 79) anreden, sondern ist auch diejenige, die Schritt um Schritt auf die sich statuarisch-heldisch postierende Babette zugeht, im wortwörtlichen und, wie sich zeigen wird, auch im übertragenen Sinne. Dieses sich Annähern an eine nunmehr freilich Unnahbare kulminiert in einer Umarmung Babettes durch Philippa, in einer Geste schwesterlicher An- und Aufnahme also, die alte Gegensätze und Hierarchien zunichtemachen soll – und die diese damit noch ein letztes Mal in Erinnerung und zum Tragen bringt. Doch heißt es: „Der Leib der Köchin war anzufühlen wie ein steinernes Denkmal; aber sie selber [Philippa; GH] zitterte und bebte vom Kopf bis zu den Füßen" (a. a. O.: 79); einsichtiges und im Wortsinne mitleidendes Entgegenkommen hier, stolze Verweigerung dort.[71]

Damit haben sich nicht nur die seit dem Lotteriegewinn bereits erodierenden sozialen Verhältnisse vollends verkehrt – Herrin und Dienerin haben endgültig die Rollen getauscht –, sondern auch die personalen; sich aus Selbstwertgefühl und wieder gelebter Identität zusammensetzender, unverbrüchlicher Festigkeit hier steht ein Nervenbündel dort gegenüber, das nicht nur seinen Körper nicht mehr

telbar könnte man das zum Verzehr vorgesetzte Enkelkind eventuell mit den „Cailles en Sarcophage" in Verbindung bringen, lassen diese doch auch dem Augenschein nach nicht erkennen, was man – der *Bibel* nach an Gefährlichem – verzehrt. – Vgl. auch Anm. 145.

[71] Von daher ist von Schnurbeins Ansicht, Philippa erkenne hier „Babettes Tat als Selbstaufopferung" (von Schnurbein 2008: 146), doppelt fragwürdig. Zum einen handelt es sich auf Seiten Babettes um keine „Selbstaufopferung" – siehe hier auch den nachfolgenden Abschnitt „Babette Hersant" –, zum anderen sieht auch Philippa in dieser „Tat" keine solche; Philippa erkennt vielmehr in Babette die vollendete Künstlerin (zu der für beide Geschlechter auch das Durchleiden von Künstlerschaft gehört) und zugleich in sich selbst die Künstlerin der Anlage nach, die freilich am diametral entgegengesetzten Punkt zu Babette steht, noch nicht einmal am Beginn von Künstlerschaft nämlich. Angesichts dieses Befundes erscheint auch von Schnurbeins Erwägung, die Umarmung von Philippa und Babette könnte möglicherweise als Vereinigung von „zwei Frauen […] in einer Art >lesbischen< Jenseitsvision" (a. a. O.: 148) gelesen werden, als wenig begründet.

unter Kontrolle hat. Denn mit den sozialen und personalen Verhältnissen sind auch Philippas Überzeugungen das Leben betreffend und in Folge davon ihre bisherige Lebensführung fragwürdig geworden. Als sie Babette, die um die unerfüllt gebliebene Liebe zwischen ihr und Papin (ebd.) weiß, mit nahezu denjenigen Worten, die Papin einst in seinem Brief an die Schwestern und dort gemünzt auf Philippa gebrauchte (vgl. a. a. O.: 24),[72] prophezeit, dass sie dereinst im „Paradies" zum „Entzücken" der „Engel" die „große Künstlerin sein" werde, „als die Gott dich schuf" (a. a. O.: 80), bleibt Babette völlig ungerührt, während ihr selbst die Tränen über die Wangen laufen. Das kann man sicherlich auch als einen Ausdruck einer sentimental unterlegten Empathie Philippas sehen, die freilich nicht verstanden hat, dass Babette ganz im Diesseits lebt und in diesem Diesseits ein einziges Mal, über die letzten Wochen nämlich mit dem gegenwärtigen Tag als gewisser Krönung (s. u.), ganz Künstlerin sein konnte; und man kann mit einiger Verwunderung feststellen, dass Philippa mit dieser Utopie nicht nur der Katholikin und „Pétroleuse" (a. a. O.: 22) Babette einen Platz im Paradies zubilligt, sondern auch dem sinnlichen Genuss und der Lust an diesem. Dem Kontext nach ungleich naheliegender aber ist es, in diesen Tränen Philippas die tiefe Trauer um ihre aus Angst und vermeintlicher Gottwohlgefälligkeit nicht gelebte Liebe und darum zu sehen, dass sie keine Opernsängerin geworden ist. In diesem Sinne weint Philippa Tränen der Einsicht, die sich auf einen falschen Glauben und ein daraus resultierendes, verfehltes Leben beziehet.

---

[72] Es gehört zu den Charakteristika des Textes, dass seitens der Figuren häufiger Aussagen und Redewendungen Dritter paraphrasiert oder zitiert werden, wobei es zu markanten Bedeutungsverschiebungen bzw. Umkodierungen kommt. Der Propst bezieht sich auf die *Bibel*, Achille Papin und Lorens Löwenhjelm greifen Worte des Propstes auf, Philippa spricht in den Worten Achille Papins.

Lorens Löwenhjelm

Als der „Husarenleutnant" (a. a. O.: 12) Lorens Löwenhjelm[73] im Jahre 1854 erstmals für einen Monat (a. a. O.: 9) nach Fossum in der Nähe von Berlevaag kommt, tut er dies keineswegs freiwillig. Als ein jugendlicher Tunichtgut und Gesellschaftslöwe, der sich u. a. durch exzessives Spielen stark verschuldet hat, ist er vielmehr von seinen Eltern zu einer Tante aufs Land geschickt worden, um dort zur Raison zu kommen und zu einem anständigen Lebenswandel zu finden. Doch es ist nicht die Tante, die ihn des gewünschten Besseren belehrt. Es ist vielmehr die „beinahe übernatürliche" (s. o.) Schönheit Martines, die in ihm, dem Antipoden zu Martine, auf der Stelle nach Paulus' Art[74] eine Art Damaskuserlebnis ‚in Raten' auslöst, steigt bei deren Anblick „vor ihm" doch „plötzlich und machtvoll die Vision eines höheren und reineren Lebens auf" (a. a. O.: 10).[75] Da es ihm, dem stets Wortgewandten, fortan in Martines Gegenwart die Sprache verschlägt und es ihm nur andeutungsweise gelingt, Martine seine Liebe zu gestehen, geht er nach seiner Abreise aus Fossum und damit auch aus Berlevaag davon aus, Martine „nie, niemals" (a. a. O.: 12) wiederzusehen. Deshalb versucht er mit größter „Gewaltanstrengung", Martine und das fromme, ihn ebenfalls zutiefst beeindruckende Berlevaag zu vergessen und „sich auf seine Karriere" und darauf zu konzentrieren, dereinst „in einer glänzenden Umgebung eine glänzende Figur" (a. a. O.: 13) zu machen.[76] Hat er, zumindest nach bürgerlichen Maßstäben, dergestalt auch „auf seltsamen, ge-

---

[73] Wie bei Martine und Philippa, ist auch hier Nomen gleich Omen. Lorens (lat. Laurentius) leitet sich der Volksetymologie nach von lat. „laurus" gleich „Lorbeer" ab, was gut zum nicht weiter erläuterungsbedürftigen, martialischen Nachnamen Löwenhjelm passt. – Einen Gedanken könnte es auch wert sein, den Vornamen mit dem Märtyrer Laurentius von Rom in Verbindung zu bringen, ist der doch immerhin u. a. der Schutzheilige der Köche.

[74] Vgl. die nächste Anm.

[75] Je öfter er Martine sieht, um so „kleiner, unbedeutender und verächtlicher" (Blixen 2003: 11) kommt sich Löwenhjelm vor.

[76] Faktisch ist es allerdings so, so erzählt es uns der Text, dass Löwenhjelm dem nach Erfolg und Wohlleben fragenden Sozialdruck, der auf ihm lastet, nicht gewachsen ist; die Erklärung, die er sich selbst gibt, bemäntelt lediglich seine

wundenen Wegen" einen „erfreulichen moralischen Standpunkt erreicht" (ebd.),[77] der ihm als Ehefrau sogar eine „in jeder Hinsicht" „brillant[e]" (a. a. O.: 52) und auch nach Jahrzehnten noch gut aussehende (ebd.) „Hofdame der Königin Sophia" und ganz allgemein die hohe Anerkennung „bei Hofe" (a. a. O.: 14) zuteilwerden lässt,[78] hat er andererseits damit letztendlich sein Glück eben doch nicht gemacht. Das aber erweist sich erst Jahrzehnte später im Umfeld und anlässlich des einhundertsten Geburtstages des Propstes. Sicherlich, der „von jedermann bewundert[e] und beneidet[e]" (a. a. O.: 51) Löwenhjelm hat in der Zwischenzeit sogar als Militär und Diplomat „mehrere Jahre in Paris" (a. a. O.: 46) gelebt und sich dort vermutlich im deutsch-französischen Krieg, vielleicht aber auch zu Anfang der Niederschlagung der Kommune so glänzend bewährt, dass man ihm „zu Ehren" sogar „[i]m besten Restaurant der Stadt […] ein Essen" (a. a. O.: 55) gab,[79] im Café Anglais nämlich mit „Cailles en Sarcophage" (s. u.) als Hauptgericht und im Beisein des Generals Galliffet (a. a. O.: 62).[80] Und sicherlich, Löwenhjelm tritt immer noch „groß, breit, mit frischem Gesicht" (a. a. O.: 50) auf und

---

Schwäche. Insofern ist Neumann zuzustimmen, der davon spricht, dass Löwenhjelm „aus Standesgründen" (Neumann 1993: 290) auf Martine verzichtet.

[77] Man beachte die doppelte Ironie an dieser Stelle: Zum einen zeigt sich einmal mehr, dass die Wege des Herrn nach Paulus (!) unergründlich sind (Röm 11,33–36); zum anderen hat der neue „Standpunkt" Löwenhjelms selbstverständlich mit Moral im christlichen Sinne gar nichts zu tun, sondern nur etwas mit Pragmatik und Utilität. – Vgl. auch die nächste Anm.

[78] Einschränkend ist allerdings anzumerken, dass Löwenhjelm in Berlevaag Erfahrenes und Erlerntes zum Teil sehr bewusst instrumentalisiert, „denn Frömmigkeit war zur Zeit bei Hofe in Mode" (Blixen 2003: 14).

[79] Hier irrt Neumann, wenn er schreibt, Löwenhjelm habe „einmal anlässlich eines Sieges bei einem Pferderennen" (Neumann 1993: 292) an einem Essen im Café Anglais teilgenommen.

[80] Der Text ist hinsichtlich der Frage, bei welcher Gelegenheit sich Löwenhjelm ausgezeichnet hat, uneindeutig. Die Tatsachen, dass Löwenhjelm bei dem Gastmahl ihm zu Ehren Babettes „Cailles en Sarcophage" gespeist und dass Babette auf den Barrikaden der Kommune gekämpft hat, sprechen aber eher für den deutsch-französischen Krieg; hinsichtlich des Aufstandes der Kommune ist allenfalls an ein sehr frühes Datum zu denken. Im Übrigen ist dem Text nicht zu entnehmen, dass Babette die „Cailles en Sarcophage" für „Gallifet" (von Schnurbein 2008: 147) erschaffen hat.

trägt „eitel" (a. a. O.: 53) all die Orden, die er erworben hat. Doch er fragt sich, ob viele Siege „als Summe eine Niederlage ergeben" (a. a. O.: 54), ist „in niedergeschlagener Stimmung" und alles andere als „völlig glücklich": „Irgendwo stimmte etwas nicht" (a. a. O.: 51), „[i]rgendwo war irgend etwas verlorengegangen." (A. a. O.: 54)[81] Weil ihm zudem „in jüngster Zeit etwas Absurdes widerfahren" ist und er sich trotz einer vorbildlichen Lebensführung[82] dabei „ertappte [...], daß er sich um seine unsterbliche Seele sorgte" (a. a. O.: 52), da ihm „die Welt nicht eine moralische, sondern eine mystische Angelegenheit" (a. a. O.: 53) zu sein scheint,[83] sieht er sich gezwungen, „Lebensbilanz zu ziehen" (ebd.). Zu diesem Zwecke entschließt er sich, nach annähernd 30 Jahren noch einmal ganz freiwillig nach Fossum bzw. Berlevaag zu reisen, um dort mit sich ins Reine zu kommen.

Wem Löwenhjelm dann zunächst in Fossum und in Berlevaag ‚begegnet', ist er selbst als junger Mann des Jahres 1854: Dieser junge Mann scheint ihn ob seines in den drei vergangenen Jahrzehnten gelebten Lebens anzuhöhnen, und seiner Lebenserfahrung zum Trotz weiß Löwenhjelm dem so ohne Weiteres nichts entgegenzusetzen (a. a. O.: 50f.). Deshalb soll ihm die abendliche Feier zu Ehren und im Hause des Propstes die Gelegenheit bieten, „seine Rechnung mit dem jungen Lorens Löwenhjelm [zu] bereinigen" (a. a. O.: 54): „Der Jüngling sollte ihm ein für allemal beweisen, daß er vor einunddreißig Jahren[84] die richtige Wahl getroffen hat-

---

[81] Gerade weil Löwenhjelm sein bisheriges Leben radikal in Frage stellt und schließlich sogar verwirft, kann man ihm nicht wie Neumann das tut ein „Summationskonzept" (Neumann 1993: 298; vgl. auch 303) zuschreiben.

[82] So sieht es Löwenhjelm selbst; vorbildlich ist diese Lebensführung allerdings nur dann gewesen, wenn man – man denke beispielsweise an Löwenhjelms in gewisser Hinsicht unaufrichtige Eheführung und an sein Handeln im französischen Bürgerkrieg – die Maßstäbe ‚der Gesellschaft' und ‚des Establishments' zugrunde legt.

[83] Dazu passt, dass Löwenhjelm sich in Fossum / Berlevaag nun doch jenes „zweite Gesicht" (a. a. O.: 53) ersehnt, das einige in seiner Familie hatten und das er stets abgelehnt hat.

[84] Hier liegt ein Rechenfehler Löwenhjelms bzw. der Autorin vor; alle anderen Zeitangaben im Text sprechen dafür, dass 29 und nicht 31 Jahre vergangen sind.

te", wäre doch, so Löwenhjelms Selbstrechtfertigung, „in solcher Umgebung das Dasein Lorens Löwenhjelms bald in schieres Elend ausgeartet" (a. a. O.: 55).[85]

Es zeigt sich allerdings – und wieder einmal ironischerweise –, dass es dem an größten Tafeln heimischen und glänzenden Löwenhjelm auch diesmal nicht gelingt, Herr seiner selbst zu sein und „zweifellos" (a. a. O.: 56), wie er mutmaßt, die Unterhaltung am bescheidenen, unbedeutenden Tisch des Propsthauses zu beherrschen, zumindest nicht in jener routinierten Art des Weltmannes, die ihm vorschwebt. In all den vergangenen Jahrzehnten ist er existentiell nämlich keinen nennenswerten Schritt weitergekommen. Das hat im Wesentlichen damit zu tun, dass er in jener großen Welt, die ihn feierte, immer diejenige und dasjenige verdrängt hat, die bzw. das sein Leben hätte gelingen und glücklich werden lassen: Martine und seine Liebe zu ihr (a. a. O.: 55).

Aber es kommt noch schlimmer für Löwenhjelm: Als er – als einziger – erkennt, dass er in „solcher Umgebung" des „Elend[s]" (s. o.) mit Speisen und Getränken von ganz außerordentlicher, selbst das beste Restaurant der Welt zierender Qualität verköstigt wird (a. a. O.: 58),[86] fühlt er sich sogar „von einer seltsamen Art von Panik übermannt" (a. a. O.: 59) und beginnt nach dem Motto „Besser, man ist betrunken als verrückt" (a. a. O.: 61) rasch zu trinken. Löwenhjelm ist der Wirklichkeit, ist sich auch selbst nicht mehr als Lebensentwurf gewachsen.[87] Als er dann schließlich unverhofft

---

[85] Angesichts der „Lebensbilanz", die Löwenhjelm bereits vor dem Festmahl intensiv betreibt, ist der Eindruck irreführend, dass bei ihm „Memoria" erst durch die „Cailles en Sarcophage" ausgelöst wird (so von Schnurbein 2008: 143). Wie der Fortgang zeigt, führen die „Cailles en Sarcophage" bei ihm vielmehr im Zusammenspiel insbesondere mit den Alkoholika zu dem geradezu verzweifelten Versuch, Gegenwart und Vergangenheit hinter sich zu lassen.

[86] Neumann weist zurecht darauf hin, dass das dîner français „zwei widersprüchlichen Leseakten unterworfen" wird: „einer eucharistischen Lektüre, die von der Gemeinde verantwortet wird", und „einer kulinarischen Lesart […], die Löwenhjelm, der Kenner und Gourmet, in Geltung setzt" (Neumann 1993: 297).

[87] Das erklärt auch, warum Löwenhjelm nicht nach der Köchin des Gerichtes fragt, die ihm im Unterschied zu General Galliffet und zu Achille Papin ja

und einer Marionette ähnlich (s. u.) zu einer Rede ansetzt und damit in ganz anderer, an Luther erinnernder Weise zum Beherrscher des „Tischgesprächs" (s. o.) wird als von ihm erwartet, erkennen die anderen Anwesenden „mitnichten in dem Krieger und Hofmann die vom edelsten Wein der Welt hervorgebrachte Trunkenheit" (a. a. O.: 64); soviel Contenance kann Löwenhjelm immerhin noch aufbringen. Ansonsten aber ist er ganz und gar außer sich, was aber durchaus, wie so vieles andere scheinbar Problematische im Text, auch seine guten Seiten hat, wirkt seine „Gestalt" während der Rede der Erzählinstanz nach doch so, als wäre sie „nur das Sprachwerkzeug für eine Botschaft, die übermittelt werden sollte" (a. a. O.: 65). Löwenhjelm also als ein Medium, als ein Verkünder? In wessen Namen spricht Löwenhjelm?

Eine diskutable Antwort auf diese Fragen, insbesondere auf die letzte Frage, lässt sich aus demjenigen ableiten, was Löwenhjelm in seiner Rede anspricht und aussagt: „Gnade und Wahrheit [...] sind einander begegnet", „Rechtschaffenheit und Himmelssegen sollen vereint sein in einem Kuß"[88] (a. a. O.: 65), „die Gnade und Wahrheit ist durch Jesum Christum geworden" (Joh 1,17; a. a. O.: 66). Sätze wie diese, die direkt oder indirekt auf zahlreiche Stellen der *Bibel*, auf Luther-Schriften wie *Von der freien Gnade* und *Von der Freiheit eines Christenmenschen* sowie, den bloßen Wörtern nach, auf Aussagen des Propstes (a. a. O.: 11) Bezug nehmen, durchziehen die Rede Löwenhjelms und werden an deren Schluss noch einmal mit leichten, doch entscheidenden Abwandlungen wiederholt. Denn wenn es dort heißt „Erbarmen und Wahrheit sind einander begegnet" (a. a. O.: 66) und „Rechtschaffenheit und Seligkeit sind zusammengekommen in einem Kuß" (a. a. O.: 66 f.; alle Hervorheb. in diesem

---

persönlich auch niemals bekannt geworden ist; zumindest berichtet der Text nicht davon. Von daher kann kaum die Rede davon sein, dass Löwenhjelms Verhalten in dieser Situation „gegen alle innere Logik des Geschehens" (Neumann 1993: 293) ist.

[88] Für „Kuß" in der Bedeutung von „richtige Antwort", „heiliger Kuß" oder „Kuß der Liebe" vgl. beispielsweise Spr 24,26, Röm 16,16 und 1 Petr 5,14. – An dieser Stelle kann der Frage, wie in *Babettes Fest* „Kuß" zu verstehen ist, nicht weiter nachgegangen werden.

Abschnitt GH), dann wird aus dem Prediger Löwenhjelm, der er in dieser Situation zunächst faktisch ist und der an fundamentale Glaubenssätze bzw. Postulate erinnert, der Bekenner Löwenhjelm, der von realem, von ebenso glaubensgerechtem wie diesseitigem Geschehen berichtet.

Das aber bedeutet nichts anderes als die Ungeheuerlichkeit, dass Löwenhjelm im Haus des Propstes am einhundertsten Geburtstag dieses Propstes dessen gnadenlos die Welt verneinende, um den Erwerb von göttlicher Gnade willen auf eine asketische Lebensführung insistierende Auslegung der *Heiligen Schrift* und Luthers als Irrlehre zurückweist. Hingegen unterstreicht er, dass sich die göttliche Gnade nicht verdienen lässt, auch nicht durch ein vermeintlich noch so frommes Leben: „Wir zittern, bevor wir unsere Wahl im Leben treffen, und wenn wir sie getroffen haben, zittern wir aufs neue, aus Furcht, daß wir falsch gewählt haben. […] Sehet an! Was wir uns erwählet haben, das wird uns geschenkt, aber auch, was wir von uns wiesen, wird uns gleichermaßen zuteil. Ja, eben das, was wir verworfen haben, ergießt sich über uns im Überfluß." (A. a. O.: 66)[89]

Als das Fest zu Ehren des Propstes ironischerweise mit dieser Zurückweisung seiner Lehren zu Ende geht und die Gäste das Haus verlassen, bekennen sich Löwenhjelm und Martine ihre lebenslange, bis in den Tod hinein währende Liebe füreinander (a. a. O.: 69). Diese kann angesichts der privaten Verhältnisse von Löwenhjelm und der Art Martines allerdings nicht in einen Ehebund überführt und nur unkörperlich sein, was aber beiderseits, und das ist entscheidend, nicht als Mangel oder Verlust an Selbstbestimmung und Glück empfunden wird, hat doch nach Löwenhjelm die Vereinigung im „Fleisch […] nichts zu bedeuten", wohl aber diejenige im „Geist, und darauf kommt alles an" (a. a. O.: 70). So können denn auch Martine und Löwenhjelm schließlich darin übereinkommen, dass in

---

[89] Angesichts des auf den letzten zweieinhalb Seiten referierten und kommentierten Geschehens kann wohl kaum davon gesprochen werden, dass Babettes „künstlerischer Akt" Löwenhjelm „einen die vorherige Sprachlosigkeit überwindenden Akt der transzendenten Erkenntnis des Zusammenhangs von Kunst und Liebe" (von Schurbein 2008: 145) ermögliche.

„dieser Welt [...] alles möglich" (ebd.) ist, was freilich zu der Frage Anlass gäbe, ob dieser Satz als empirischer Befund gemeint ist, als am Laissez-faire streifender Sollsatz oder aber als Umformulierung von Röm 11,33.

Mit der Figur des Militärs und Diplomaten Löwenhjelm, so lässt sich zusammenfassend sagen, hat Blixen eine Figur entworfen, die sich vom Saulus zum Paulus, vom Wüstling über das gesellschaftliche Vorbild zu einem Gläubigen entwickelt hat, der zu genießen weiß, doch beruflichen Erfolg und Körperliches schließlich gering schätzt. Am Schluss verkündet auch Löwenhjelm das *Hohelied der Liebe* (1 Kor 13), doch sollte keinesfalls übersehen werden, dass Löwenhjelm als gereifter Mann und für sich Erfolg und Körperliches als gering gegenüber der Liebe erachtet, beides aber nicht an sich verwirft. Löwenhjelms Vorstellung von „Liebe" impliziert im Unterschied zu derjenigen des Propstes zudem durchaus das Körperliche, nur hat dies in seiner Liebe zu Martine keine Rolle spielen können.

Achille Papin

Der international berühmte Opernsänger Achille Papin[90] aus Paris, einer der Vertreter der Kunst (s. u.) in der Novelle, wird als „romantisch" (a. a. O.: 15) veranlagter, „gutherziger Mensch und ehrlich gegen sich selbst" (a. a. O.: 16) eingeführt; er ist damit also so ziemlich das Gegenteil zum jungen Löwenhjelm, und er ist es auch in allen anderen Hinsichten. Als Papin 1855 als melancholisch (a. a. O.: 15) gestimmter Vierzigjähriger nach Berlevaag kommt und dort auf die achtzehnjährige Philippa trifft, steht er „am Ende seiner Karriere" (ebd.). Wie der profan diesseitige Löwenhjelm ein

---

[90] Auch hier verlohnt es, zumindest den Vornamen „Achille" zu bedenken. Als hoch erfolgreicher Künstler ist Papin so etwas wie ein Halbgott, jemand auch, der den Mittler zwischen Irdischem und Transzendenz abgibt. Papin ist auch derjenige, dem als Künstler an ewigem Ruhm gelegen ist. Aber selbstverständlich ist Papin alles andere als jener wilde, starke Krieger, der der Achilles der *Ilias* ist.

Jahr zuvor, hat auch Papin ein außergewöhnliches Erlebnis, doch im Unterschied zu Martine ist es nicht Philippas Schönheit, die den Profanen über die Maßen auf Transzendenz hin beeindruckt, sondern deren Singstimme, die den romantischen Künstler die Natur lehrt: „Da wußte und verstand er alles [die nordische Natur; GH] in einem einzigen Augenblick" (ebd.), heißt es von Papin.[91] Und wie Löwenhjelm, hat auch Papin „eine Vision" (ebd.), doch keine auf überirdische Idealität gerichtete, sondern eine solche, die auf ideale Diesseitigkeit abzielt: Papin möchte aus Philippa eine alles Bisherige überragende „Opernprimadonna" (a. a. O.: 16) und die Welt „noch einmal an Wunder glauben" machen, „wenn wir zwei zusammen singen." (A. a. O.: 17) Dass auch Papins Vision nicht Wirklichkeit wird, verbindet ihn rein formal gesehen ein weiteres Mal mit Löwenhjelm, doch während dessen Leben nach der Begegnung mit Martine u. a. dank einer enormen Willensleistung steil bergauf geht, geht das Leben des nach der desaströs endenden Begegnung mit Philippa wie „gelähmt[en]" (a. a. O.: 19) Papin steil bergab.

Im weiteren Verlauf der Novelle tritt Achille Papin, der nach der Aufkündigung der Gesangstunden durch Philippa Berlevaag fluchtartig „mit dem nächsten Boot" (a. a. O.: 20) verlassen hat, im Unterschied zu Lorens Löwenhjelm kein weiteres Mal direkt auf. Was wir von ihm hören, erfahren wir aus einem Empfehlungsschreiben aus dem Frühjahr 1871, das er Babette Hersant mitgegeben hat, sowie aus ihrem Munde, aus Quellen also, denen in unterschiedlichem Maße Mittelbarkeit bzw. Reflektiertheit anhaftet und denen damit die Spontaneität situativen Handelns[92] abgeht.

Im Rahmen des französischen Bürgerkriegs 1871 spricht der alt gewordene und vom Publikum längst vergessene (a. a. O.: 23)[93] Pa-

---

[91] Für Papin ist durch den Gesang Philippas die ganze nordische Natur „in die ihm geläufige Sprache der Musik transponiert und dargebracht in der Stimme einer jungen Frau." (Blixen 2003: 15)

[92] Die Achille Papin durchaus auch eigen ist, küsst er doch Philippa so, als sei er ohne jede Besinnung bzw. nicht bei Sinnen (Blixen 2003: 19).

[93] Dieses Vergessensein Papins gilt es u. a. zu beachten, wenn man die These Neumanns diskutiert, ein „Grundthema" der Novelle sei „die Frage nach der ‚Autorschaft', nach dem Schöpfer eines Werkes, nach dem Überdauern

pin einerseits über die erzkonservative, im Volk unbeliebte und nur „l'Espagnole" genannte Eugénie de Montijo von „meine göttliche Kaiserin" (a. a. O.: 21), andererseits von den „blutbefleckten Händen des Generals Galliffet" (a. a. O.: 22). Legt man all das in die Waagschale, was zuvor über Papin gesagt wurde, ist das wohl dahingehend zu verstehen, dass Papin zwar ein Anhänger des Kaiserreichs ist, die Art und Weise aber, wie man seitens der Regierungstruppen mit den Aufständischen der Kommune und überhaupt mit dem Volk

von dessen Namen im Ruhm, ineins damit aber nach der Rolle der Frau in diesem Zusammenhang" (Neumann 1993: 293) bzw. nach „der Möglichkeit weiblicher Autorschaft" (a. a. O.: 297). Wenn Neumann aufgrund der „sexuelle[n] Differenz" (a. a. O.: 298) zwischen Babette und Papin einen Gegensatz zwischen „dubioser'" Kunstausübung bei Babette und „authentischer'" Kunstausübung bei Papin konstruiert, die Geschlechtszugehörigkeit also für die jeweilige Kunstausübung – und die gesellschaftliche Berechtigung dazu! – verantwortlich macht, übersieht er zumindest vier Dinge: Dass Babette im Café Anglais als begnadete Köchin arbeiten und in diesem Zusammenhang General Galliffet und Achille Papin kennenlernen konnte, ist historisch gesehen ja bereits ein emanzipatorischer ‚Dammbruch'. Zum anderen funktioniert die Gegenüberstellung nur dann, wenn man das (avancierte) Kochen im Kontext von Kunst wie getan mit „dubios" belegt; das aber widerspricht der kulturgeschichtlichen eminenten Bedeutung der Speisen und des Speisens, die Neumann selbst hier wie in zahlreichen anderen Publikationen ein ums andere Mal herausstellt. Zum Dritten erleidet ja Papin als Künstler ein Schicksal, das ihn von demjenigen Babettes nicht grundsätzlich unterscheidet; um die Ausübung seiner wahren Kunst musste er stets betteln, und kaum hat er seine Kunstausübung altersbedingt dreingegeben, ist er auch schon vergessen. Schließlich steht Achille Papin für die Kunstform Musik und kann (unter den medialen Bedingungen des 19. Jahrhunderts) von daher zusammen mit Babette gar nicht für die „zwei verschiedene[n] Modelle von Autorschaft" herangezogen werden, die der Text nach Neumann entwirft: „das Überleben des Autors in den Zeichen auf der einen Seite, wie es als männliches Dispositiv der Kultur erkennbar wird; das Verschwinden des Autors im erfüllten Augenblick, wie es als Merkmal weiblicher Autorschaft im Text sich abzeichnet" (a. a. O.: 299); Papin überlebt eben nicht, genauso wenig wie Babette. Damit werden auch die nachfolgenden Ausführungen Neumanns (vgl. a. a. O.: 308 f.) hinfällig, die in der Novelle „zwei differente Prinzipien der Organisierung von Leben" sehen wollen, „das Prinzip ‚Aroma' auf der einen", das ist Babettes Seite, „das Prinzip ‚Memoria' auf der anderen" (ebd.), das ist Papins Seite; auch Papin steht für das „Prinzip ‚Aroma', wenn auch unfreiwillig. – Vgl. auch Anm. 17 sowie die nächsten beiden Anm.

verfahren ist, scharf verurteilt. Seine Sympathien für sogenannte einfache Leute lassen sich im Übrigen unter anderem daran erkennen, dass er offensichtlich mit Babette so gut bekannt ist (ebd.), dass er sie vor allem auch als Mensch weiterempfehlen kann (a. a. O.: 23; s. u.);[94] dass er sie obendrein jenseits aller Klassenschranken als seinesgleichen, als Kochkünstlerin nämlich verehrt, lässt sich schließlich daraus ableiten, dass er mit Babette offensichtlich auch über die Kunst und die Existenz des Künstlers gesprochen hat.[95]

Was Philippa anbelangt, spricht Papin von „meine verlorene Zerline" und geht irriger Weise davon aus, dass diese „zweifellos umgeben von einer zärtlichen, lebensfrohen Familie" (a. a. O.: 23) ist, von all dem also, was er in seinem, seines Erachtens unterm Strich trotz aller künstlerischer Erfolge verfehlten, weil ohne Philippa und damit ohne die Liebe gelebten Leben nicht erreicht hat. Dass er sein Leben als verfehlt betrachtet, wird allerdings erst in dem Moment ganz deutlich, als Babette am Schluss der Novelle noch einmal auf ihn zu sprechen kommt und Philippa gegenüber von „Ihrem Monsieur Papin, Sie Arme!" (a. a. O.: 79) und damit von Papins Liebe zu Philippa spricht.[96] Nicht deutlich wird weder Papin noch dem Leser hingegen, dass Kunst und Liebe, Kunst und privates (Familien-)Glück ganz grundsätzlich nur schwer zueinander finden können; das festzustellen, ist der Kochkünstlerin Babette Hersant vorbehalten (s. u.).

Auf Erden bleibt Achille Papin am Ende jedenfalls nichts anderes als jene von christlichem Glauben geprägte Utopie, dereinst „im Paradies" Philippas Stimme wieder hören zu können: „Dort werden Sie singen", heißt es im Empfehlungsschreiben, „furchtlos und unge-

---

[94] Bei seiner Vision von Philippa als „Opernprimadonna" wird zudem deutlich, dass Papin keinem elitären Kunstverständnis anhängt; ausdrücklich ist es ihm wichtig, dass Philippa auch vom gemeinen Volk verehrt wird (vgl. Blixen 2003: 18).

[95] Babette: „Durch die ganze Welt, hat er [Papin; GH] gesagt, schallt unablässig der Schrei aus dem Herzen des Künstlers: Erlaubt mir doch, daß ich mein Äußerstes gebe!" (Blixen 2003: 79)

[96] Von daher ist Papins Rede von Philippa als seiner „Zerline" nicht ganz angemessen, wenn man in Betracht zieht, welche Rolle Zerline für Don Giovanni spielt und wie sie sich vor und nach der Verführung ihrem Verlobten Masetto gegenüber verhält.

hemmt, so wie Gott es Ihnen bestimmt hat. Dort werden Sie die große Künstlerin sein, als die Sie Gott schuf." (A. a. O.: 24) Dass es sich dabei nicht allein um seine persönliche Hoffnung handelt, sondern zugleich um eine subtile Interpretation der seelischen Verfassung Philippas sowie um eine prononcierte Kritik am Protestantismus à la Propst, der ums Leben, um die Kunst und um den Willen Gottes bringt, braucht nicht eigens ausgeführt zu werden. Gegen diese Auslegung spricht auch nicht, dass Papin in seinem Brief vom Sommer 1883, in dem er Babette von ihrem Lotteriegewinn in Kenntnis setzt (vgl. a. a. O.: 34), mit „daß Gottes Wege auch übers salzige Meer durchs Schneegebirg laufen, wo ein Menschenauge keine Spur gewahrt" (a. a. O.: 33) nahezu wortwörtlich jene Worte des Propstes gebraucht, die dieser lange zuvor schon quasi als generelle Perspektive auf den Lauf der Dinge (vgl. a. a. O.: 17) verwendet hat. Im Gegenteil: Weil nämlich Papin diese Worte in Zusammenhang mit einem Lotteriegewinn gebraucht, der dem von den Gemeindemitgliedern streng gehüteten Glauben des verstorbenen Propstes nach nur ein Geschenk des Teufels sein kann,[97] bringt er zum Ausdruck, dass des Propstes Auslegung von Röm 11,33 eitle Anmaßung ist.

Babette Hersant

Als Babette Hersant unverhofft nächtens in Berlevaag an der Haustür des Propst-Hauses anklopft, wird sie als eine „üppig gebaute, schwarzhaarige, totenblasse Frau" mit „tiefliegenden Augen" und „durchnässte[r] Kleidung" (a. a. O.: 21) beschrieben.[98] Dabei sind die drei zuletzt genannten Eigenschaften, die auf „abgehärmt und verschreckt wie ein gejagtes Wild" (a. a. O.: 25) hinauslaufen, ihrer momentanen Situation als Flüchtling geschuldet, die beiden ersten hingegen gehören ihr dauerhaft an.

---

[97] Die in Eigennutz gründende Perspektive der Gemeindemitglieder auf Babettes Lotteriegewinn: „Wahrlich, wahrlich, Lotterien waren Teufelswerk." (Blixen 2003: 35) – Vgl. auch Anm. 106.

[98] An späterer Stelle werden außerdem noch ihre „starke[n] Hände" (Blixen 2003: 30) hervorgehoben. – Vgl. auch Anm. 108.

Das Rätsel, das sich mit Babettes Aussehen und überhaupt mit ihrer Ankunft in Berlevaag verbindet, löst bis zu einem gewissen Grade ein Empfehlungsschreiben Achille Papins auf – am alle Knoten lösenden Schluss der Novelle wird Babette selbst noch einmal berichten –, das aufgrund der früheren, scheinbar unproblematischen Bekanntschaft Martines und Philippas mit Papin von ihnen auch als ein solches gelesen und in eigenes Handeln umgesetzt wird. Nicht nur sind Babettes Gatte und Sohn im französischen Bürgerkrieg als Aufständische füsiliert worden, auch sie selbst konnte nur „mit knapper Not" der Ermordung als „Pétroleuse" (a. a. O.: 22), als brandstiftende Unterstützerin der Kommune also, entkommen und musste mittellos aus Frankreich fliehen. Aber es ist nicht allein das Schicksal des von Verderbnis heimgesuchten Flüchtlings, das für Babette eingenommen machen soll. Papin hebt zudem hervor, dass ihr „auch jetzt noch im Unglück erfinderischer Sinn, Menschlichkeit und wahre Seelengröße eigen sind" (a. a. O.: 23), sie also aufgrund von Fähigkeiten, vor allem aber von erlesenen Persönlichkeitsmerkmalen jedes Entgegenkommen verdiene. Eher lapidar und aufs Pragmatische gerichtet ergänzt er schließlich, dass Babette auch zu kochen verstehe (a. a. O.: 24.).

Eingedenk dieses Lobes, das Papin Babette zuteilwerden lässt, überrascht und irritiert es dann dennoch, als Babette bei ihrer Ankunft in Berlevaag selbst das Wort ergreift und verkündet, sie wolle nicht nur im Haus der Schwestern unentgeltlich arbeiten, sondern „werde auch bei niemandem anderen in Dienst eintreten" und müsse sterben, „[w]enn sie sie wegschickten" (a. a. O.: 25). Warum, so fragt man sich als Leser, fährt Babette solch ‚schwere Geschütze' auf, für die „Selbsterniedrigung", „Selbstunterwerfung", „Aufdringlichkeit" und „Erpressung" keine unangemessenen Vokabeln sind? Hat es damit zu tun, dass ihr Martine und Philippa von Achille Papin als Inbegriff von „„guten Menschen"" (a. a. O.: 39) geschildert worden sind? Oder damit, dass sie sich Papin gegenüber auf irgendeine Weise verpflichtet fühlt? Oder damit, dass sie sich ihrer Sache sicher ist und von daher risikolos hoch pokern kann? Oder hat es ein weiteres Mal in diesem Text damit zu tun, dass Gottes Wege unerforschlich sind?[99]

„Als Bettlerin schien sie einzuziehen", heißt es in Anklang an Jesu Einzug in Jerusalem (Matt 21,1–9) jedenfalls, doch „bald erwies sie sich als sieghafte Natur. Ihr stilles Antlitz, ihr unbeirrbarer, tiefer Blick hatten magnetische Gewalt" (a. a. O.: 25). Diese „magnetische Gewalt" reicht allerdings nicht so weit, an den für sie barbarischen Essgewohnheiten ihrer neuen Herrschaft etwas zu verändern, und so wird denn ihr Gesicht „völlig ausdruckslos" (a. a. O.: 26), als sie hört, was sie künftig zuzubereiten hat. Da Babette durch eine von ihr erzählte, von den Schwestern allerdings missverstandene Geschichte aus ihrer Jugend als Köchin eines alten Geistlichen unglücklicherweise selbst dafür sorgt, dass die Schwestern dann sogar noch asketischer leben wollen als zuvor – „[f]ür sich selbst wenig, für die Armen alles" (a. a. O.: 27) –, gewinnt sie nach und nach auch die hohe Anerkennung der von der Freigebigkeit der Schwestern profitierenden Bewohner von Berlevaag, so dass „[e]tliche" von diesen bald Gott „für die stumme Fremde, diese dunkle Martha[100] im Haus ihrer blonden Marien" (a. a. O.: 28) danken. Die meist auffällig schweigsame (vgl. a. a. O.: 28 f.), ihre Vergangenheit in knappen Worten als „Schicksal" (a. a. O.: 29) wahr- und annehmende und allenfalls einmal von ihrem Lotteriespielen seit vielen Jahren erzählende Babette[101] wird auf diese Weise als reinkarnierte

---

[99] Auf Babettes diesbezügliches Verhalten bzw. auf diese Fragen gibt der Text m. E. keine befriedigende Antwort. Erwägen könnte man auch, ob nicht an dieser wie an anderen Babette betreffenden Stellen ein Übermaß an Sonderlichkeit, Fremdheit und Verrätselung geschaffen wird, um der Geschichte mehr Spannung und damit Unterhaltsamkeit zu verleihen. Wichtig ist es allerdings, zwischen Selbstdarstellungen Babettes via direkter Rede und Zuschreibungen an diese durch die Schwestern oder andere Gemeindemitglieder sowie durch die Erzählinstanz zu unterscheiden. – Vgl. auch Anm. 106.

[100] Martha ist die Schwester von Maria von Bethanien und von Lazarus. Vgl. Lk 10,38–42 und Joh 11,17–44.

[101] Darin zeige sich, so die Erzählinstanz, Babettes „wahre[] Seelengröße" (Blixen 2003: 29).

Schutzheilige der Hausfrauen zu einem „Eckstein"[102] (a. a. O.: 28) in der Gemeinde. Für Martine und Philippa hat Babette allerdings nicht nur positive, sondern auch „geheimnisvolle und beunruhigende Wesenszüge", als wäre sie „entfernt verwandt mit dem Schwarzen Stein[103] von Mekka, der Kaaba selbst" (ebd.) und folglich noch nicht einmal von als solcher schon entschieden beargwöhnter papistischer (vgl. a. a. O.: 25), sondern von nichtchristlicher, islamischer Abstammung. Dieser Blick auf Babette wird zwar von der Erzählinstanz nicht geteilt, doch bemüht auch sie, sozusagen heuristisch, Nichtchristliches, griechische Mythologie nämlich, um Babette zu charakterisieren, wenn sie davon erzählt, dass Babette häufig in der Küche tief versunken in einem „schweren schwarzgebundenen Buch"[104] liest und dabei aus „weitoffenen dunklen Augen" vor

---

[102] Von der ebenso tragenden wie stabilisierenden Funktion des Ecksteins ist im übertragenen Sinne auch in der *Bibel* die Rede. In Psalm 118,21 f. heißt es mit Blick auf die Heilswirkung Gottes: „Ich will dir danken, dass du mir Antwort gabst, du bist mir zur Rettung geworden. Ein Stein, den die Bauleute verwarfen, er ist zum Eckstein geworden." Wenn also an dieser Stelle von Babette als „Eckstein" gesprochen wird, wird sie, die aus mehreren Perspektiven ‚Verworfene', zu einem Werkzeug des „unerforschliche" Wege beschreitenden Gottes erhoben. – Vgl. auch Jes 28,16 und Hi 36,6, die nachfolgende Anm. sowie Anm. 16 und 52.

[103] Beim Schwarzen Stein handelt es sich um einen Kultstein an der Kaaba in Mekka, der nach islamischer Überlieferung aus dem Paradies stammen soll. Die Kaaba selbst stellt als „Haus Gottes" das Zentrum des Islam dar. Zu überprüfen wäre allerdings auch, ob hier auf eine der zahlreichen Stellen in der *Bibel* angespielt wird, in denen Steine eine wichtige Rolle spielen; sollte es gar Bezüge zur Versuchung Jesu durch den Teufel geben, der ihn aufforderte, Steine in Brot zu verwandeln (vgl. u. a. Matt 4,3 f.)? – Vgl. die vorhergehende Anm. sowie Anm. 52.

[104] Um was für ein Buch es sich dabei handelt, das Babette ja ganz offensichtlich für wert erachtete, mit auf die Flucht genommen zu werden, wird nicht aufgelöst. Dass das Buch schwer und schwarz eingebunden ist, kann auf eine *Bibel* verweisen, kann aber ebenso gut mit Dämonie und Ähnlichem in Verbindung gebracht werden. Ob dazu allerdings die Art und Weise passt, wie Babette das Buch liest bzw. wie sie auf dieses reagiert? Im Übrigen ist auch nirgendwo die Rede davon, dass Babette irgendein Verhältnis zur Religion hätte, wie aller Mutmaßungen zum Trotz de facto auch nirgendwo von Zaubereien o. Ä. die Rede ist. Vielleicht sollte man angesichts dieser Befunde und der Lebensgeschichte Babettes davon ausgehen, dass sie entweder in einem Kochbuch oder aber in einem politischen Buch liest.

sich hinstarrt, „rätselvoll und unheilschwanger wie eine Pythia[105] auf dem Dreifuß." (A. a. O.: 30) Doch belässt es die Erzählinstanz nicht bei dieser Perspektive, sondern fügt eine weitere, psychologisierende hinzu, indem sie davon spricht, „daß Babette ein tiefes Wasser war und daß im Unauslotbaren ihres Wesens Leidenschaften, Erinnerungen und Wünsche verborgen lagen", von denen die weltfremden, lebensunerfahrenen Schwestern „nicht das geringste ahnen konnten" (ebd.).

So ist denn die dem Äußeren nach eher ungeschlachte, dem vorausdeutenden Vornamen nach fremde und wilde Babette schließlich bis zum entscheidenden, Figuren übergreifenden Wendepunkt der Geschichte, dem vielfältig Segen stiftenden Lotteriegewinn[106] nämlich, eine polysemische, auch widersprüchliche Kontur aus Ausländerin, politischer Brandstifterin, biblischer Martha, islamischem Kultobjekt, antikem Priesteramt und Femme fatale. Der Fortgang des Geschehens wird allerdings zeigen, dass damit eine entscheidende Dimension der dergestalt selbstverständlich nicht nur bezeichneten, sondern auch dämonisierten Figur aber noch gar nicht angesprochen worden ist: die Künstlerin.

Der angesprochene namhafte Lotteriegewinn, der Babette doch gegenüber Martine und Philippa als ihren Herrinnen in die Freiheit auch des Auftretens setzen könnte, führt überraschenderweise zunächst einmal zum genauen Gegenteil. Mit Augen „so eifrig und flehend wie die eines Hundes" (a. a. O.: 36 f.) bittet Babette Martine und Philippa vielmehr zunächst in der Art einer Gefangenen um eine „Vergünstigung", diejenige nämlich, zum einhundertsten Geburtstag des Propstes kochen zu dürfen, und tritt dabei „bescheidener und zurückhaltender" auf, „als sie sie je gesehen hatten" (a. a. O.: 36). Im Fortgang dann konkretisiert sie ihre Bitte Schritt für Schritt dahingehend, dass es sich um ein auf eigene Kosten zubereitetes Festmahl handeln soll. Indem sie dies tut, wird sie allerdings zusehends

---

[105] Pythia ist die jeweils amtierende weissagende Priesterin im Orakel von Delphi.
[106] Auch hier wieder zeigt sich auf ironische Weise, dass die Wege des Herrn unergründlich sind. – Vgl. auch Anm. 15 und 97.

selbstbewusster, auch wenn sie von sich selbst irritierenderweise in dritter Person spricht (s. u.): Sie tritt auf die beiden Schwestern zu, trägt ihr Anliegen „wie Gesang" vor und nennt als Quelle, als Legitimation dieses Anliegens nichts Geringeres als ihren „Herzensgrund" (a. a. O.: 38). Insgesamt ist es sogar so, dass Babettes Auftreten schließlich an Eugène Delacroixs *Die Freiheit führt das Volk* (1830) erinnert, auch wenn es sich mit Babette in politischer Hinsicht um das Frühjahr 1871 und nicht um den Juli 1830 handelt.

Wie mit Blick auf jene Szene bei ihrer Ankunft in Berlevaag, als sie sogar ihr Weiterleben davon abhängig macht, dass Martine und Philippa sie aufnehmen, verhält sich Babette auch in der soeben zusammengefassten Szene sehr auffällig. Was treibt sie eigentlich dazu, die Schwestern ein weiteres Mal, diesmal durch Unterwerfungsgesten einerseits sowie durch einen verführerischen und leutseligen Vortrag andererseits, so unter Druck zu setzen, dass diese gar nicht anders können als ihren Wünschen nachzugeben? Sicherlich, Babette verfolgt ein, wie sich zeigen wird, höchst eigennütziges und die Schwestern sowie den lokal-situativen Kontext gänzlich ausblendendes Ziel, doch hätte sie bei Licht betrachtet dieses Ziel – wie zuvor dasjenige des als Exilantin Aufgenommenwerdens – auch auf anderem Wege bzw. bei und mit anderen Leuten erreichen können, ohne Abstriche in Kauf zu nehmen. Da weder die Faktenlage noch eine psychologisch-intentionale Ausdeutung der Figur Babette eine halbwegs einleuchtende Antwort auf die aufgeworfene Frage nach ihrem Verhalten an Gelenkstellen der Handlung zu geben vermag, wäre erneut zu erwägen, ob Babette nicht – wiederum im Sinne von Röm 11,33 – wie etliches andere auch in dieser Novelle das Werkzeug eines übergeordneten, transzendenten Willens ist, der dem gesamten Setting nach Gott zu nennen wäre. Spräche dafür nicht auch, dass die von Enthusiasmus beflügelte Babette hier von sich in der dritter Person spricht?

Als Babette von Martine und Philippa alle drei[107] Bitten bewilligt bekommt, verändert sie dies „vollständig" (a. a. O.: 39). Äußerer Ausdruck dieser, die ganze Person bis ins Mark erfassenden Veränderung sind die alte Schönheit Babettes, die in ihrem Gesicht wieder aufscheint, sowie die gespannte, selbstbestimmte und bis an die Grenzen ihrer Kraft reichende Betriebsamkeit, mit der sie fortan über viele Wochen zu Werke geht. Obwohl sie Reisen zur See absolut nicht verträgt, nimmt sie erneut eine solche Reise auf sich, um Vorbereitungen für ihr dîner français treffen zu können (a. a. O.: 39 f.), und wächst danach „wie der Flaschenteufel im Märchen" „zu solch gewaltigen Dimensionen" heran, „daß die beiden Damen sich winzig klein neben ihr vorkamen." (A. a. O.: 41) Selbstständig stellt Babette mit einem „rothaarige[n] Junge[n]"[108] aus dem Dorf sogar einen Helfer ein, nimmt im Haus ganze „Regionen in Besitz" und waltet im Fortgang „gleichsam als Hexe mit Hausgeist" (a. a. O.: 46), die schlichtweg an alles und jedes denkt, selbst an Tischwäsche, Porzellan, Gläser und dergleichen mehr (a. a. O.: 47).

Allerdings belässt es der Text bei diesen, alles andere als neutral-sachlichen Darstellungen der Erzählinstanz und zeigt Babette beispielsweise unmittelbar vor dem Fest und während des Festes nicht beim Eindecken der Tafel oder beim Hantieren in der Küche; alle Aufmerksamkeit der sich an die Wiedergabe der Vorbereitungszeit anschließenden gut zwanzig Seiten Text gilt vielmehr den Schwestern und den Teilnehmern am Festmahl. Babette ist damit in diesen Passagen nicht nur von dem Fest als solchem ausgeschlossen, sondern auch vom Erzähltwerden, sieht man einmal davon ab, dass Löwenhjelm sich während des Festmahls daran erinnert, schon vor vielen Jahren in Paris einmal „Cailles en Sarcophage" gegessen

---

[107] Keine andere Zahl dürfte so symbolträchtig sein wie die Drei. Im christlichen Glauben steht sie u. a. für die Dreifaltigkeit, die Heilige Familie und die drei Könige; Jesus steht am dritten Tag wieder von den Toten auf. – Vgl. auch Anm. 47 und 139.

[108] Haarfarben werden im Text wie an dieser Stelle auch ganz offensichtlich dazu verwendet, von Klarheit und Reinheit einerseits (blond) und von Dämonie, Bedrohung und Unbotmäßigkeit andererseits (schwarz, rot) zu sprechen. – Vgl. auch Anm. 98.

zu haben, als deren Erfinderin damals General Galliffet eine Frau ausgegeben hat (vgl. a. a. O.: 62).

Erst als das Fest vorüber ist und die Gäste gegangen sind, kommt die jetzt zusammengesunken in der Küche hockende Babette wieder an die Textoberfläche, „weiß im Gesicht und so zu Tode erschöpft wie in jener Nacht, als sie in Berlevaag erschien" (a. a. O.: 73). Doch ist dieses ihr Aussehen keinesfalls negativ im Sinne beispielsweise von „Verfehlen des Zieles", von Niedergeschlagenheit, von „ausgebeutet worden sein" oder von Selbstausbeutung zu lesen; es ist vielmehr die ganz natürliche Folge einer wochenlang freiwillig ausgeübten, nahezu übermenschlichen (s. o.) und dennoch hohe Befriedigung und unverrückbares Selbstwertgefühl verschaffenden Kraftanstrengung sowie der aktuell in der Küche erbrachten Herkules-Arbeit.[109] Diese hohe Befriedigung zeigt sich wahrnehmbar auch darin, dass die sonst so schweigsame und unterwürfige Babette aller Erschöpfung zum Trotz nach dem Eintreten der Schwestern[110] in die Küche ein für ihre Verhältnisse ausladendes, zum selbstreflexiven Monolog tendierendes Gespräch führen kann, während dessen Verlauf sie sich diesen sogar auch rein körperlich demonstrativ gegenüberstellt (vgl. a. a. O.: 77).[111] Nachdem Babette lange Zeit geschwiegen hat, was

---

[109] In der Vergangenheit im Café Anglais mit seinem wie üblich in die Dutzende gehenden Küchenpersonal ist es Babette sicherlich sehr viel leichter gefallen, die „Cailles en Sarcophage" zu erschaffen, zumal sie bei der hohen Spezialisierung, die damals bereits in Nobelrestaurants herrschte, ganz gewiss nicht kochend für ein ganzes dîner français verantwortlich gewesen ist.

[110] Während der Vorbereitungen für das Festmahl haben die Schwestern „keinen Fuß" (Blixen 2003: 46) in die Küche zu setzen gewagt.

[111] Von Schnurbein ist zwar zuzustimmen, dass Babettes Körper (besser: ihr Aussehen) „mehrfach seine Gestalt" (von Schnurbein 2008: 141) wechselt – anfangs ist er ihren Worten nach „eingefallen oder geschrumpft und verwüstet", später schwillt er wieder an, „nur um am Ende wieder zusammenzufallen" (ebd.). Aber der Text gibt es nicht her, mit Blick auf das „Schlussbild, das der Text von ihrem Körper zeichnet" (ebd.), von einer „anorektische[n] Reduktion des Körpers der Künstlerin" (a. a. O.: 145), vom „rauchgeschwärzte[n], blutige[n], im Verschwinden begriffene[n] Körper Babettes, vom „zerstörte[n] Körper der Künstlerin" oder gar vom „Schwinden von Babettes Körper als dessen Konsum in einem [...] autokannibalischen Akt" zu sprechen und daraus „recht pessimistisch[e] Schlüsse auf die „Möglichkeit von weiblichem Kunstschaffen" (a. a. O.: 147) zu ziehen;

seinen Grund nicht nur in ihrer Erschöpfung haben dürfte, sondern auch im Prozess einer Entschlussfassung, hebt sie zu einem von Stolz und Festigkeit getragenen Bekenntnis an, das das Ende ihrer jahrelangen Selbstverleugnung markiert, jedoch zugleich das Ende bzw. die Vollendung der Künstlerin Babette Hersant.[112]

hier scheinen theoretische und weltanschauliche Entscheidungen a priorischer Art den Blick für die textlichen Tatbestände zu verstellen. Ebenso ins Groteske hin überinterpretiert wirkt es, wenn in Babettes sich bei der Umarmung durch Philippa zum „steinerne[n] Denkmal" (Blixen 2003: 79) verhärtenden Körper eine „nicht konsumierbare kryptische Schrift" als „Ausdruck der modernistischen Unlesbarkeit des Kunstwerks" (von Schnurbein 2008: 147) gesehen wird. Babettes Körper ist weder im Verschwinden begriffen noch zerstört worden noch gar zur Speise ihrer selbst geworden, und unlesbar ist er ebenso wenig. Vielmehr erzählt er in allen Phasen der Novelle sehr eindeutig von dem, was Babette gerade erlebt, tut und empfindet. – Vgl. auch Anm. 50, 53, die nachfolgende Anm. sowie Anm. 153.

[112] Vor dem skizzierten Hintergrund ist die – wenn auch metaphorisch gemeinte – „‚Anorexie'" (Neumann 1993: 308) bzw. „anorektische'" Disposition" (a. a. O.: 309; vgl. auch a. a. O.: 315) Babettes, die Neumann behauptet, nicht nachvollziehbar. Es fragt sich im Übrigen, ob es eine glückliche, Betroffene respektierende Entscheidung ist, den behaupteten Sachverhalt mit diesem medizinisch-pathologischen Begriff zu belegen. – In Anlehnung an Gerhard Neumann ist in diesem Zusammenhang bei von Schnurbein zu lesen: „Babette kocht stets für andere, es wird jedoch niemals beschrieben, wie sie selbst isst und auch beim Festmahl ist sie abwesend, bleibt in der Küche. Neumann beschreibt dieses Verhalten als anorektisch, der Text lege es demnach nahe, dass eine Frau nur dann Künstlerin sein könne, wenn sie ihren Körper zum Verschwinden bringe. […] Der Frauenkörper selbst dürfe nicht im Kunstwerk vorhanden sein." (von Schnurbein 2008: 137) Hier werden unter ungerechtfertigter Berufung auf den Text und aus ideologischen (vgl. Anm. 134) Gründen beständig argumentative ‚Achsensprünge' vollzogen. Hat Babette sich tatsächlich selbst zum Verschwinden gebracht – oder hat sie sich nicht gerade dadurch, dass sie ‚ohne jede Not' das dîner français vorgeschlagen, organisiert, bezahlt und bewerkstelligt hat, intra- wie extradiegetisch zur vollen Anschauung gebracht? Würden wir denn Babette als Künstlerin sehen, wenn wir sie irgendwann einmal essen sehen würden? Was hätte dieses Essen von Babette mit ihrer Künstlerschaft zu tun, kann es sich hier nicht allenfalls nur um das Kochen als Kunstausübung handeln? Hätte es denn – rein pragmatische Erwägungen hintangestellt, die dagegen sprechen, dass Babette in dieser Situation die Küche verlässt – für die Teilnehmer am Essen in Hinsicht auf Erkenntnis und Wertschätzung einen ‚Mehrwert' bedeutet, wenn Babette das Essen auch selbst aufgetragen hätte, wo sie die Köchin doch alle persönlich seit vielen Jahren kennen und also darum wissen, wer am Herd steht (mit der Ausnahme Lorens Löwenhjelm, der

„Ich bin Köchin im Café Anglais gewesen"[113] (a. a. O.: 73) – Babette eröffnet ihr Bekenntnis mit einem, oberflächlich gelesen, lapidar anmutenden Satz, dessen Gehalt freilich in krassem Gegensatz zu seiner bescheidenen Syntax und zu Babettes Stellung und Aufgaben in Berlevaag steht und der von den Adressatinnen Martine und Philippa in seiner de facto außerordentlichen Bedeutung – ihre Dienerin hat, obwohl Frau, im besten Restaurant der Welt als Köchin arbeiten dürfen – gar nicht erfasst werden kann. Auf diese Eröffnung des Bekenntnisses hin präsentiert Babette eine der Art nach ambivalente Verlustrechnung, der die je nach Perspektive dramatische Höhe ihres Falls markiert und deren Bewertung durch sie selbst nach landläufigen Vorstellungen ein weiteres Mal zu jenem ungläubigen Kopfschütteln führt, das man angesichts ihres Verhaltens als Leser beinahe schon gewöhnt ist. „Sie sind alle fort, ich habe alle verloren" (a. a. O.: 74) und alles Geld ist ausgegeben (a. a. O.: 75) lauten die beiden zentralen Aussagen, wobei Babette mit „alle" aber keineswegs ihren füsilierten Ehemann und ihren Sohn meint, wie man spontan vermuten würde, und im gänzlichen Aufzehren ihres Vermögens in kürzester Zeit und für eine Gelegenheit keinesfalls etwas Bedauernswertes sieht. Babette, so beginnt man zu ahnen, denkt und handelt außerhalb (klein-)bürgerlicher Tugenden, Werte, Normen und Konventionen, aus welchen Gründen auch immer. Diese Ahnung verfestigt, radikalisiert und hellt sich zugleich auf, wenn Babette im Fortgang mit einem nicht von „Mitleid"[114], doch „vielleicht sogar [von] „Verachtung" (a. a. O.: 76) zeugenden Blick

erinnert aber noch nach einem Dutzend Jahren, dass eine Frau die „Cailles en Sarcophage" erfunden hat)? Wäre denn der Körper „im Kunstwerk" vorhanden, das heißt in diesem Falle in den Speisen und Getränken und deren Abfolge, wenn ein Mann gekocht hätte? – Vgl. auch Anm. 50, 53, die vorhergehende Anm. sowie Anm. 153.

[113] Der Satz erinnert rein syntaktisch, vor allem aber in seiner Bedeutung für die Sprecherin, an den ersten Satz „I had a farm in Africa […]" aus Karen Blixens Roman *Out of Africa*.

[114] „Mitleidfähigkeit" gehört zu den zentralen, sozial distinkten moralischen Befähigungen des (klein-)bürgerlichen Menschen; nach Lessings undatiertem Brief an Friedrich Nicolai vom November 1756 ist bekanntlich der *„mitleidigste Mensch […] der beste Mensch"* (Lessing 1996: 163).

auf Philippa darüber aufklärt, dass sie mit „alle" nicht ihre Familie, sondern ihre aristokratische, bourgeoise und kunstsinnige Klientel aus dem Café Anglais gemeint hat und dass sie das Festmahl aus Anlass des einhundertsten Geburtstages des Propstes keineswegs um der beiden Schwestern willen zubereitet hat, sondern allein um ihrer selbst willen. Damit treten zwar unausgesprochen, doch konzeptionell entscheidend die drei Stichworte „Elitarismus", „Solitarismus" und „Egozentrismus" auf den Plan, die Babette sogleich in dem Satz „Ich bin eine große Künstlerin!" (a. a. O.: 77) zusammenfasst und um die Begriffe „Originalität" und „Sekretismus" ergänzt: „Wir [gemeint sind Künstler; GH] haben etwas, Mesdames", sagt Babette zu Martine und zu Philippa, „wovon andere Leute nichts wissen" (ebd.).

Babette vertritt, so hat sich damit gezeigt, das Konzept einer exquisiten, flüchtigen Kunst der äußerst Wenigen für die ganz Wenigen. Dabei ist es um diese äußerst Wenigen so bestellt, dass sie im Unterschied zur sogenannten breiten Masse, zu der bis auf Achille Papin alle anderen Figuren des Textes gehören, rein menschlich gesehen zwar ganz auf sich alleine gestellt sind und keine privaten (Liebes-)Bindungen haben können, wohl aber derjenigen bedürfen, die als Kenner ihre Kunst zu schätzen wissen – und die diese finanzieren. Weiter herausgearbeitet wird dies noch einmal dank einer Nachfrage Philippas, die nicht verstehen kann, wie die Kommunardin Babette Hersant um ihre reaktionäre Klientel trauern kann, in deren Auftrag auch jener General Galliffet im französischen Bürgerkrieg gehandelt hat, der ihren Mann und ihren Sohn hat füsilieren lassen (vgl. a. a. O.: 78). In welchem Verhältnis, so könnte man Philippas Nachfrage systematisieren, stehen eigentlich Kunst, Gefühle, Verstand, Moral, Privatheit und Politik zueinander?

Es gehört zu den großen Vorzügen der Novelle, dass diese komplexe Frage anhand einer Figur und einer Kunstform diskutiert wird, die nach gängigen Kategorisierungen im intermediären Raum zwischen Masse und Genie, Durchschnittlichkeit und Exzentrizität, Bürgerlichkeit und Anti-Bürgerlichkeit, Alltag und Feier, Handwerk und Kunst usw. angesiedelt sind. Das erlaubt es, die genannten Aspekte sozusagen naturwüchsig anzusprechen und somit quasi authentisch zu argumentieren bzw. argumentieren zu lassen. Babette, die einfache Frau aus dem Volk, hat natürlich, ist man versucht zu sagen, eine Familie gehabt, und sie hat sich als einfache Frau, die sie ist, ebenso selbstverständlich über die himmelschreienden Klassenverhältnisse und die arrogante Niedertracht der Herrschenden empört und schließlich mit zu den Waffen gegriffen – „Gott sei Dank" (a. a. O.: 78), lässt die darob stolze Babette Philippa gegenüber gleich zweimal verlauten und ihr rebellisches Handeln damit (im frommen Haus des Propstes!) als Gott gewollt erscheinen. Doch mögen die ihr verloren gegangenen Leute auch „bös und grausam" gehandelt, „das Volk von Paris hungern lassen" und „die Armen unterdrückt und gekränkt" (ebd.) haben, sie waren dennoch Babettes „Leute", weil „sie verstehen konnten, was ich für eine Künstlerin bin. Ich konnte sie glücklich machen. Wenn ich mein Allerbestes gab, konnte ich sie vollkommen glücklich machen." (A. a. O.: 79) Damit ist das alles Entscheidende ausgesprochen. Basaler und mächtiger nämlich als alle soziale Herkunft, basaler und mächtiger nämlich als Liebesgefühle, Blutsbande, Einsicht, Gerechtigkeitssinn und politischer Handlungsimpuls ist der unbedingte Wille zum Kunstschaffen, sofern er denn in eines Menschen „Herzen" ruht und beständig aus diesem heraus schreit: „Erlaubt mir doch, daß ich mein Äußerstes gebe!"[115] (Ebd.) Dass die Kräfteverhältnisse im Künstler von dieser Art sind, zeigt sich dann, wenn ein solcher Mensch wie Babette in eine katalytisch wirkende Situation gerät, die in der einen oder anderen Hinsicht Selbstverleugnung und die Inkaufnahme von Schuld einfordert und in der von daher Tragik im klassischen Sinne vorprogrammiert ist.

Babette, so zeigt sich nunmehr, hat zunächst dank einer zahlungskräftigen und -willigen Klientel aus Klassenfeinden im Café Anglais als Köchin ihrer Kunst leben können; diese Kunst gipfelte in der Erfindung der allseits akklamierten „Cailles en Sarcophage".

---

[115] Dies sind Worte, die Achille Papin gebraucht hat. – Vgl. auch Anm. 98.

Mit diesem Ausleben ihrer Natur als Künstlerin ging ein privates Glück einher. Babette hat dann als „Pétroleuse" um politisch-sozialer Gerechtigkeit willen die Bedingungen ihres Künstlerlebens und ihr Privatleben aufs Spiel gesetzt – und dabei jene nicht erreicht und diese beiden verloren. Vor die Entscheidung gestellt, angesichts dieses allumfassenden, irreversible Fakten schaffenden Desasters das eigene Leben drein zu geben oder aber weiterzuleben, hat sie sich in einem weiteren Schritt für das Weiterleben entschieden. Für diese Entscheidung kann es angesichts ihrer Natur und ihres Lebensweges bis dato nur eine Begründung geben, diejenige nämlich, noch einmal aus dem tiefsten Elend und zugleich aus tiefstem Herzen heraus das höchste ihr mögliche Seinsgefühl und den höchsten ihr möglichen Lebensgenuss anzustreben. Die aber bestehen darin, noch einmal als – endlich freie – Künstlerin tätig zu sein und ein dîner français inklusive der „Cailles en Sarcophage" zu bereiten, um den Preis vielleicht, lange unter „schrecklich[en] und unerträglich[en]"[116] (ebd.) Bedingungen leben zu müssen und dann noch nicht einmal auf ein sachkundiges Publikum und dessen Wertschätzung zu stoßen, um den bis dahin noch nicht erlebten Gewinn allerdings, nicht von dessen Zahlungsfähigkeit und -willigkeit abhängig zu sein. Zu bewerkstelligen ist diese ‚Quadratur des Kreises' nur über eine Deus ex Machina-Lösung oder, in christlichem Glauben entlehnten Worten, durch einen weiteren unerforschlichen Ratschluss Gottes; dessen ‚ketzerischer' Name aber lautet: Lotteriegewinn.

Wenn also Babettes „Leib [...] anzufühlen [ist] wie ein steinernes Denkmal" (ebd.), als Philippa sie schließlich umarmt, ist dies mehrfach konnotiert. Zum einen zeugt der Vergleich von der Abwehr, die Babette den Schwestern gegenüber empfindet, die in dem Glauben, sie zu verstehen und ihr Gutes zu tun, sie doch ein ums andere Mal missverstanden haben und die ihr Dinge zugemutet haben, die ihr zuwider waren. Zum anderen kommt zum Ausdruck, dass Babette die Künstlerin als diese Künstlerin nunmehr vollendet ist; sie hat

---

[116] Auch hier handelt es sich um Worte von Achille Papin, die dieser in Zusammenhang mit den Schrecknissen der Künstlerexistenz gebraucht.

ihr ureigenstes Kunstwerk (ein weiteres Mal) erschaffen, sie hat für ihre Kunstfertigkeit und für dieses Kunstwerk den Beifall der sachkundigen Welt in der Form einer Anstellung im Café Anglais und des überschwänglichen Lobes von Galliffet, Löwenhjelm und anderen bekommen, und sie ist einmal als schaffende Künstlerin ohne Auftrag und ohne materielle Abhängigkeit und somit ganz und gar frei gewesen.[117] Als Denkmal, zum Dritten, ist Babette aber auch zu einer Künstlerin geworden, die es zu erinnern gilt; dies weniger hinsichtlich ihrer konkreten und im Einzelnen auch gar nicht weiter ausgeführten Kunst (s. u.) als vielmehr als Künstlerexistenz, an der Grundsätzliches – Inneres und Äußeres beim Künstler, deren Abstufungen und deren Zusammenwirken – studiert und diskutiert werden kann. Schließlich bedeutet dieses Zum-Denkmal-Werden noch zu besten Lebzeiten aber auch, dass in einer Welt, die so verderbt feudal, bourgeois oder frömmelnd eingerichtet ist wie diejenige, in der Babette zu leben hat, ein Künstler frei nach Hölderlins Ode *An die Parzen* (1799) günstigstenfalls „Einen Sommer"[118] haben kann. Da gibt es keinen Blick nach vorne in eine zuträglichere Zukunft, sondern nur denjenigen zurück auf das Sodom und Gomorrha, dem man mit der Kunst auf einen Augenblick hin zu entfliehen hoffte. Dieser Blick zurück aber ließ bekanntlich schon Lots Frau erstarren (Gen 19,26).

Die Gemeinde

Die ganz auf das Neue Jerusalem ausgerichtete, d. h. der Welt abschwörende Gemeinde, die von der Erzählinstanz trotz einschlägiger, in anschauliches Geschehen überführter Kritik an deren Glaubens-Verständnis (s. u.) durchgängig mit schmunzelnd-herablassender Nachsicht behandelt wird, ist das Werk des Propstes; sie ist unauflöslich mit seinem Erscheinen in Berlevaag und seinem Tod

---

[117] Diese Sichtweise widerspricht der Auffassung von Schnurbeins (von Schnurbein 2008: 148), die die letzten Worte der Novelle dahingehend versteht, dass Künstlerschaft nur nach dem Tode möglich sei.
[118] Hölderlin (1977: 30).

Jahrzehnte später ebendort verbunden. Bevor es den Propst in Berlevaag gab, waren dessen Einwohner nichts anderes als ihren Leidenschaften, ihrem Vorteilsdenken, ihrem Neid und Argwohn und ihren Alltagssorgen verhaftete Allerweltsmenschen. Seit seinem Tod nun, so wird gleich zu Beginn erzählt, schrumpft die Gemeinde unaufhörlich – Ausdruck ihrer ideellen und / oder biologischen Unfruchtbarkeit – und es macht sich ein „gewisses streitsüchtiges Querulantentum" breit, das „zuweilen" auch zu „Spaltungen" (a. a. O.: 6) führt.

Mit dem Versuch, in dieser aus Gemeindesicht sehr unerfreulichen Situation zu vermitteln, sind die gänzlich weltfremden Schwestern Martine und Philippa völlig überfordert, sind es doch ihnen gänzlich unbekannte, allzu weltliche Dinge, die die Streitereien auslösen, insbesondere „Sünden" aus grauer Vergangenheit wie Verleumdungen, Geschäftsbetrug und Ehebruch, die im Alter und angesichts des sich abzeichnenden Lebensendes einerseits Reue auslösen und andererseits als „bitterer Stachel" (a. a. O.: 32) Gedanken an Abrechnung und an Rache hervortreiben.

Dieser auf Zerfall hinauslaufenden Bedrohung von innen heraus erwächst, systemisch gesehen plausibel, durch ein als Bedrohung empfundenes Vorhaben von außen, das von Babette geplante Festmahl, ein heilsames Gegengewicht. Noch am „Nachmittag" des Festtages kommen die Gemeindemitglieder zusammen und sprechen die „Sache" (a. a. O.: 35) Babettes durch, die bis dahin aufgrund ihr zu verdankender Vorteile eigensüchtig wohl als „gute und getreue Dienerin" (ebd.) gesehen wurde, aber nie als Mensch. „Am Tage unseres Meisters wollen wir unsere Zungen[119] rein machen von allem Geschmack und sie reinigen von aller Lust und allem Ekel der

---

[119] Die Zunge gilt den Gemeindemitgliedern als unbezähmbar „zuchtlos", sie sei „vom Übel" und „voller Gift" (Blixen 2003: 44). Sie beziehen sich dabei paraphrasierend auf Jak 3,5–12, insbesondere auf die Aussage „doch die Zunge kann kein Mensch zähmen, dieses ruhelose Übel, voll von tödlichem Gift. Mit ihr preisen wir den Herrn und Vater und mit ihr verfluchen wir die Menschen, die nach dem Bilde Gottes geschaffen sind. Aus ein und demselben Mund kommen Segen und Fluch. Meine Brüder und Schwestern, so darf es nicht sein." (Vers 8–10) Vgl. auch 1 Mos 3 und 4 Mos 21 sowie die

Sinne, um sie zu bewahren und zu behüten für das höhere Geschäft des Lob- und Dankgesanges" (a. a. O.: 44), so lautet der gemeinsam gefasste Beschluss, mit dessen Hilfe sich die schon reichlich ange-jahrten Gemeindemitglieder gegen die allenfalls vage imaginierten Verführungen Babettes wappnen wollen. Als sie sich später dann im Haus des Propstes versammeln und ihren Blick auf ein Bild ihres Meisters werfen, beginnen „[i]hre Herzen und ihre blutleeren Finger […] aufzutauen" (a. a. O.: 48), womit ein weiterer Schritt hin auf ein harmonisches Zusammensein getan ist. Als dann auch noch ein „betagter Bruder mit zitterndem Falsett" (a. a. O.: 49) einen Choral des Propstes mit den Zeilen „Speis und Trank und schnöde Hülle / Kümmern Gottes Kinder nicht" (ebd.) anstimmt und dieser von allen zu Ende gesungen wird, hat die Gemeinde bereits vor dem Be-treten des Esszimmers „helle[], feuchte[] Augen" (a. a. O.: 57) und ist untereinander versöhnt: „Es war ein köstliches Verstummen, und im Geiste hielten sie sich noch immer bei den Händen und sangen." (A. a. O.: 56) Um ganz auf Nummer sicher zu gehen, schwören sie sich aber noch einmal, kein Wort und keinen Gedanken über bzw. an das Essen zu verlieren und gewinnen Kraft aus jener Bibelstelle Joh 2,1–12, nach der Jesus selbst einmal anlässlich der Hochzeit von Kana an einem Festmahl teilgenommen und bei dieser Gelegenheit sogar Wasser in Wein verwandelt hat (vgl. a. a. O.: 58).[120]

Zusammengenommen ergibt all dies, dass die Gemeinde als Ge-meinde schon wieder mehr als leidlich hergestellt ist, bevor über-haupt aufgetischt worden ist, und dass das Festmahl Babettes dazu nur e negativo beigetragen hat, als projizierte Bedrohung nämlich;

Offenbarung des Johannes 20,2. – Zur „vierfache[n] sinnliche[n] Realisa-tion" der Zunge im Text vgl. Neumann (1993: 300 f.).

[120] „Der Wein symbolisiert in der Bibel das Fest und die Lebensfreude (Ps 104,15). Er lässt die Menschen die Herrlichkeit der Schöpfung spüren. Er gehört zum Ritual des Sabbat, Pessach und der Hochzeit und ist zugleich wesentlicher Bestandteil des eschatologischen Freudenmahls (Jes 25,6). Dieses Zeichen dient vor allem dazu, den erst kurz zuvor berufenen Jüngern Jesu Vollmacht zu demonstrieren, zugleich aber auch um zu zeigen, dass mit Jesus die eschatologische Freudenzeit angebrochen ist, in der Trauern, Fasten und Verzicht nicht angemessen sind (Matt 9,15)." (deacademic.com/dic.nsf/dewiki/620653).

bestimmte Speisen wie beispielsweise die berühmten „Cailles en Sarcophage" spielen in diesem Zusammenhang jedoch überhaupt keine Rolle, wie sich im Übrigen später ein weiteres Mal an einer lapidaren Reaktion eines Gemeindemitglieds auf diese „Cailles en Sarcophage" ablesen lässt (vgl. a. a. O.: 63). Einen Beitrag zum Wohlbefinden der Gemeinde als Gemeinde und jedes einzelnen Gemeindemitglieds leistet hingegen der „Amontillado" (a. a. O.: 58), der als erstes auf den Tisch kommt und dem angesichts des Verhaltens von Jesus auf der Hochzeit von Kana bedenkenlos zugesprochen wird.[121] Schnell lösen sich die dem Vorsatz nach doch so achtsam gehüteten Zungen der Gemeindemitglieder auch hinsichtlich der aufgetragenen Speisen, und man gelangt allgemein in einen „angeregten Geisteszustand": „Die Tafelnden wurden leichter an Gewicht und leichter von innen her, je mehr sie aßen und tranken. Jetzt brauchten sie sich nicht mehr an ihr Gelübde erinnern." (A. a. O.: 61)[122]

Eine neue Qualität erreicht das Befinden aller „Tafelnden" schließlich nach der Rede von Lorens Löwenhjelm (s. o.). Nunmehr scheint sich im Esszimmer ein „Himmelslicht" auszubreiten, so dass „[d]ie Zeit verschwamm" und „sich mit Ewigkeit [mischte]" (a. a. O.: 67). Das bewirkt, dass unter lebhaftem Geplauder nicht nur aller Streit im gemeinsamen Lachen über die ehemaligen Sünden und Gegensätze verflogen ist und sich Seligkeit und Frieden ausbreiten, sondern dass sogar der in der Lehre des Propstes verfemte Eros seinen reputierlichen Platz unter den erstrebenswerten menschlichen Zielen erhält, küssen sich doch die ehemaligen, nunmehr verwitweten

---

[121] Zusammen mit den Begebenheiten, die von den Gemeindemitgliedern nach Beendigung des Festes erzählt werden, relativiert dies die Aussage von von Schnurbein, die „Mahlzeit" sei „auch der Ort, an dem alle möglichen Dichotomien und Konflikte für einen glorreichen Augenblick versöhnt werden." (von Schnurbein 2008: 136 f.).

[122] Von daher ist es kaum nachzuvollziehen, dass von Schnurbein behauptet, dass die Gemeinde während des Festmahls einen „Gedächtnis- und Sprachverlust" (von Schnurbein 2008: 143) erleidet. Das Gegenteil ist der Fall: Beispielsweise wird viel von jener Zeit gesprochen, „als der Propst noch unter den Seinen weilte" (a. a. O.: 60).

Ehebrecher lang und innig und holen damit etwas nach, das ihnen in der Eile der ehebrecherischen Begegnung nie möglich gewesen ist (vgl. a. a. O.: 68). Von daher gilt, dass die Gemeindemitglieder dank ihres gemeinsam gefassten Gelübdes, dank des genossenen vorzüglichen Weins insbesondere und dank der Rede von Lorens Löwenhjelm eine „Stunde des Tausendjährigen Reichs" erleben und für einen Moment auf das „Universum" (a. a. O.: 49) schauen durften, wie das die Erzählinstanz kommentiert. Freilich kommt den „schlichte[n] Gemüter[n] " (a. a. O.: 68) nicht in den Sinn, „daß ihnen die gemeinsame Stunde der Erhebung etwa aus eigenem Verdienst beschert worden sei" (a. a. O.: 69), sie aktiv handelnd also dazu beigetragen haben und beitragen mussten, dass ihnen Außergewöhnliches zuteilwerden konnte. Auf ihre Art zutiefst gläubig, das heißt in diesem Zusammenhang: dem Anspruch nach Luthers Gnadenlehre[123] folgend, nehmen sie vielmehr an, dass ihnen Gottes „grenzenlose Gnade" zuteil und damit die „Erfüllung einer stets gehegten Hoffnung" (ebd.) Wirklichkeit geworden ist. Dabei gehen sie, darauf weist u. a. die „stets gehegte[] Hoffnung" hin, höchstwahrscheinlich ‚anti-lutherisch' davon aus, dass diese erwiesene Gnade ihnen nicht nur um ihres bloßen Glaubens an Gott willen zuteilgeworden ist, sondern etwas mit ihrem vermeintlich frommen, gottgefälligen Lebenswandel zu tun hat. Dass sie sich damit allerdings anmaßen, entgegen dem vom Propst so gerne in den Mund genommenen Wort des Apostels Paulus von der Unerforschlichkeit der Wege Gottes (Röm 11,33) dessen Wege doch auszukundschaften, kommt ihnen ebenfalls nicht in den Sinn. Wie unerforschlich, das heißt auch in der Wahl der Mittel nicht prognostizierbar Gottes Wege aber tatsächlich sind, davon berichtet die Erzählinstanz gegen Ende der Novelle ein weiteres Mal.

Als die Gemeindemitglieder nämlich nach dem Fest durch das mittlerweile tief verschneite, doch aktuell von Schneefall verschonte Berlevaag „schwank[]en" und dabei, ihrer Trunkenheit geschuldet,

---

[123] Vgl. Luthers Schrift *De servo arbitrio* (*Vom unfreien Willen* bzw. *Vom geknechteten Willen*; 1525).

immer wieder zu Boden gehen, werden sie „über und über weiß von Schnee, als wären wirklich ihre Sünden weißgewaschen wie Wolle" (a. a. O.: 70). „[Ü]bermütig wie Lämmer" hüpfen sie „in diesem ihrem neugewonnen Unschuldsstand" (ebd.), tanzen als „Selige[]" ausgerechnet aus der „Française"[124] die „Figur der großen Kette" (a. a. O.: 71) und genießen es, „wieder zu sein wie die Kinder." (A. a. O.: 70) Weltliches, allzu Weltliches und vom Propst bzw. dessen Lehre pauschal Perhorresziertes, von der abwägenden und vom rechten Maß sprechenden *Bibel* hingegen auch positiv Gesehenes, wie Wein[125] und Tanz[126], führen also dazu, dass die Gemeindemitglieder wieder jene Voraussetzung zum Eintritt ins „Himmelreich" erfüllen, von der Ma 18,1–3 spricht: „Kindlein" muss man sein bzw. wieder werden. Dass Wein und Tanz dabei nicht von ungefähr das rechte Mittel zum guten Zweck darstellen, sondern – von wem auch immer – zielgerichtet eingesetzt worden sind, macht dabei die Rede von den „Lämmern[n]" mehr als deutlich, steht diese doch in unmittelbarem Bezug zu Joh 21,15–17, wo Jesus dreimal an Simon Petrus appelliert, seine Lämmer bzw. Schafe zu weiden, das heißt sie zu hüten und für sie Sorge zu tragen.

Wie sehr die Gemeindemitglieder in diesem Sinne gehütet werden, ist schließlich daran abzulesen, dass es in dem Moment – erst in dem Moment –, wo alle trotz Rausch und kindlicher Ausgelassenheit wohlbehalten zu Hause angekommen sind, ebenso plötzlich wie am Nachmittag des Festtages wieder zu schneien beginnt, „mit einer Heftigkeit [...], „wie man es in Berlevaag noch nie erlebt hatte." (A. a. O.: 71) Das führt dazu, dass bald die „Fenster so dick eingeschneit" sind, „daß viele gute Bürger im Ort vom Tagesanbruch gar nichts bemerkten und bis tief in den Nachmittag hinein schliefen." (A. a. O.: 72) Sorgfältig ist also von dritter, transzendenter Seite nicht nur darauf geachtet worden, dass die Gemeindemitglieder ein

---

[124] Die Française ist ein populärer französischer Kontratanz bzw. Gesellschaftstanz des 19. Jahrhunderts.

[125] Vgl. beispielsweise 4 Mos 13,23, Pre 9,7, Matt 9,15, Joh 2,1–11 und Joh 10,10b.

[126] Vgl. beispielsweise Pred 3,4 und 2 Sam 6,16–21.

sie im übertragenen Sinne reinigendes Schneebad nehmen und danach unbeschadet nach Hause kommen konnten, es ist auch dafür gesorgt worden, dass sie, frei nach Spr 24,15, sorglos den Schlaf der „Gerechten" schlafen können.[127]

General Galliffet

Der französische General und Kriegsminister Gaston de Galliffet (1830–1909), der maßgeblich an der Niederschlagung des Aufstandes der Pariser Kommune beteiligt war und dabei durch ungezügelte Brutalität auffiel, taucht zwar im Text nicht persönlich auf; doch ist er als von anderen erzählte Figur für die Geschichte um die analysierten Figuren herum insofern von Belang, als er um 1870 / 1871 herum gleich mit zwei entscheidenden dieser Figuren, mit Lorens Löwenhjelm und mit Babette Hersant nämlich, in persönlicher Verbindung stand. Dabei handelte es sich, vom Aufstand der Kommune aus betrachtet, allerdings um antagonistische Figuren, war doch Babette eine glühende Kämpferin auf Seiten der Kommune, Löwenhjelm hingegen möglicherweise an deren Zerschlagung beteiligt. Auf jeden Fall aber agierte er auf Seiten des politisch-militärischen Establishments. Die Verhältnisse verkomplizieren sich noch dadurch, dass Galliffet der Novelle nach nun keineswegs allein Löwenhjelm zugeneigt, Babette aber abgeneigt gegenübergestanden hätte. Im Gegenteil: Weil nach Galliffet unglaublicherweise eine Frau,[128] Babette nämlich, „in ganz Paris als das größte kulinarische Genie der Gegenwart" (a. a. O.: 62) galt,[129] das „ein Diner in eine

---

[127] Kaum nachzuvollziehen ist, dass von Schurbein wie an anderen, so auch an dieser Stelle den Schnee als Todessymbol ausgelegt, da die Versöhnung der Gemeinde „im Schnee" (von Schnurbein 2008: 142) stattfinde.

[128] Zur Geschichte der Gastrosophie, die diese Ungeheuerlichkeit verstehbar macht, vgl. Mennell (1988).

[129] Es ist an keiner Stelle des Textes davon die Rede, dass das Café Anglais von Babette „geführt" (Neumann 1993: 292) wurde bzw. das Babette dort „Chefin" (a. a. O.: 313) war, wie Neumann schreibt; sie wird durchgängig nur als „Köchin" im Café Anglais bezeichnet. Chefkoch in der zur Rede stehenden Zeit war Adolphe Dugléré (1805–1884), der beispielsweise das berühmte „Dinner der drei Herrscher" („Dîner des Trois Empereurs") für

[…] Liebesaffäre von der edlen, romantischen Sorte" zu verwandeln verstand, „wo man nicht mehr unterscheidet, was körperliche und was geistige Begierde und Sättigung ist" (a. a. O.: 62 f.),[130] gab es für ihn „in ganz Paris keine Frau, […] für die ich lieber mein Blut vergießen würde." (A. a. O.: 63) Galliffet war also geradezu ritterlich verliebt in Babette als Kochkünstlerin – und war doch zugleich derjenige, der ihr als Kommunardin und „Pétroleuse" nur wenig später ohne alle Umstände ans Leben wollte.

Auf die Frage, warum die Novelle dies erzählt, könnte eine Antwort lauten: Weil es ihr unter anderem an dieser wie an anderen Stellen auch – siehe Achille Papin – darum geht, den Stellenwert der Sinnlichkeit, des Genusses und vor allem von Kunst und Kultur in einer durch perpetuierte ökonomische und politische Konflikte gekennzeichneten westlichen Gesellschaft zu erkunden. Indem dabei mit der Kochkunst eine Kunstform als Exempel gewählt wird, die nicht zum Ensemble der klassischen Künste gehört, sondern der Abteilung Gebrauchskunst oder auch Kunsthandwerk zuzuschlagen wäre, wird dabei klugerweise einem eventuellen, auf lebensfern und kostspielig hinauslaufenden Vorbehalt der Kunst gegenüber der Riegel vorgeschoben und sogar eine Tür in den Bereich Alltagspragmatik geöffnet. Doch selbst hier, so zeigt sich, senkt sich im Zweifelsfalle die Waage zu Gunsten von aller kulturellen Tünche entledigter, schnöder Macht. Kunst und Kultur sind für diejenigen, denen Macht das höchste Gut ist, letztendlich nichts anderes als Dekor, gegebenenfalls zu entbehrender, ja zu bekämpfender schöner Schein.

Eine zweite mögliche, damit in Verbindung stehende Antwort wäre diejenige, die das generelle, prekäre Verhältnis von Kunst und

---

Alexander II., Alexander III. und Wilhelm I. anlässlich der Weltausstellung 1867 zusammenstellte. Ihm unterstanden zahlreiche Mitarbeiter und Helfer. – Vgl. auch Anm. 33.

[130] Galliffet (bzw. Blixen) weist hier auf die enge Verbindung von Essen und Sexualität und das prekäre Verhältnis von Natur und Kultur hin. Vgl. dazu in der *Bibel* den obendrein noch den Verstand / das Erkennen ‚ins Boot' holenden Sündenfall (Gen 3,1–7), der in der abendländischen Literatur und Malerei eine unüberschaubare Fülle an mittel- und unmittelbaren Thematisierungen generiert hat.

Politik mit im Blick hätte. Denn wie das Ende der Novelle zeigt, hat die Kunst Babettes durchaus eine politisch-gesellschaftliche Dimension, trägt sie doch maßgeblich dazu bei (s. u.), dass Zwietracht auf Eintracht hin überwunden wird und der Einzelne zu sich selbst kommen kann. Dass an dieser Art der Eintracht und der Identitätsfindung denjenigen allerdings nicht gelegen ist, denen es um Eigennutz, Macht und um Beherrschung geht, dürfte nicht weiter verwundern.

Konstellationen – figural und thematisch: Lebensentwürfe, Kunst, Weiblichkeit

Die Konstellationäre Lorens Löwenhjelm und Achille Papin, als smarter Karrierist einerseits und romantischer Künstler andererseits so etwas wie basale Lebensmöglichkeiten zwischen sich aufspannende Antipoden, kommen in späteren Lebensjahren doch darin überein, dass der von ihnen erworbene Applaus der Welt dann zumindest ein Nichts ist, wenn sich nicht die Liebe im vollsten Sinne des Wortes dazugesellt hat oder dieser Applaus gar durch den Verzicht auf diese Liebe erkauft worden ist. Überein kommen sie aber auch darin, des Propstes auf strenge Askese hinauslaufende Auffassung von einem gottgefälligen Leben als Irrlehre zu begreifen.[131] Und es ist ein Drittes, dass die beiden verbindet, verlieben sie sich doch jeweils in eine Frau, die dem Temperament nach auch wiederum antipodisch zu ihnen selbst steht, die also, anders formuliert, zumindest auf den ersten Blick besser zu dem jeweils anderen gepasst hätte: Der zunächst einmal ganz handfeste und diesseitige Löwenhjelm verliebt sich in die ihr Leben lang von himmlisch-körperlosen Sphären schwärmende Martine und der schwärmerische Papin in Philippa, die ein ‚tiefes Wasser‘ ist, wenn es um Irdisches, allzu Irdisches geht.

---

[131] Das verbindet die beiden mit Babette, die sich sozusagen handelnd, als „Pétroleuse" wie als Koch-Künstlerin, gegen den Propst und dessen Lehre ausspricht.

Lorens Löwenhjelm und Achille Papin sind aber über ihr Verbandeltsein hinaus noch in weitere Konstellationen eingebunden, Löwenhjelm unter dem Schlagwort „Rede- und Deutungsmacht" wie erwähnt vor allem in diejenige mit dem Propst und Papin unter dem Schlagwort „Kunst" insbesondere in diejenige mit Philippa und Babette.

Zwar ist es so, dass die Auffassung des Propstes von einer Lebensführung, die im Sinne des barocken carpe diem jenseitsfähig machen soll, am Ende der Novelle keinen Bestand mehr hat, doch heißt das nicht, dass der Propst im Verlauf der Novelle deshalb keine Redemacht mehr hätte. Mit seinem auch von Achille Papin gebrauchten Bild von den unerforschlichen Wegen Gottes, mit seinem von der Gemeinde gesprochenen Tischgebet und mit seinem von ihr gesungenen Choral ist er vielmehr durchgängig präsent, ironischer Weise jedoch in einer Art, die man als Selbstaufhebung bezeichnen könnte; indem nämlich die Worte des Propstes gebraucht werden, werden sie den Überzeugungen des Propstes nach missbraucht (Papin über den Lotteriegewinn) oder es wird ihnen zuwider gehandelt (die Gemeinde auf dem Fest). Von daher erweist sich die Redemacht des Propstes als eine trügerische, sie geht mit einem beständigen Verlust an erhörter, befolgter Deutungsmacht einher.

Ganz anders steht es da um Löwenhjelm: Obwohl er, der im Gesellschaftsgeplauder erfahrene Draufgänger, bei seinem ersten Besuch in Berlevaag und hier insbesondere Martine gegenüber seine Sprache verliert und ohne die Macht der Rede dasteht, kann er doch schließlich als Mann das schwärmerisch-ideell gestimmte Herz Martines bis ans Ende ihrer Tage gewinnen. Wenn er dann Jahrzehnte später, nach vielen dank routinierter Rede gewonnenen ‚Schlachten' auch auf gesellschaftlichem Parkett, auf dem Fest zum einhundertsten Geburtstages des Propstes das Wort ergreift und zum im Wortsinne ekstatischen Prediger und Bekenner wird, gewinnt er obendrein quasi als Hirte die Herzen all jener „Lämmer" (s. o.), die die Gemeinde bilden. Während also des Propstes Weg stetig bergab führt, führt der Weg Löwenhjelms vom Schwätzer zum Schweiger zum Redner zum Deuter ständig bergauf, bis zu dem Punkt, wo er, an Matt 4,19 erinnernd, zum „Menschenfischer" geworden ist.

Achille Papin, Philippa und Babette Hersant bilden das – illustre – Künstler-Trio in *Babettes Fest*. Allerdings könnten sie unterschiedlicher kaum sein. Das fängt schon damit an, dass Philippa und Babette, bezeichnenderweise also den Frauenfiguren, die Bezeichnung „Künstler" nach (damaligen) landläufigen Begriffen wohl kaum zugestanden würde bzw. worden wäre. Denn Philippa ist eine begnadete Sängerin ja bloß ihrer Potenz nach, während Babette in einem ästhetischen Bereich Außerordentliches zu leisten vermag, der nicht zum traditionellen Ensemble der Künste gezählt wird und der obendrein (bis heute) Männern vorbehalten war bzw. zu sein scheint.

Unter dieser Perspektive betrachtet sind Philippa und Babette also eher Randfiguren bzw. Ausnahmen, doch ist es nach Walter Benjamin ja vor allem die Beobachtung der Ränder und der Ausnahmen, die ein tieferes und schärferes Selbstverständnis des Beobachters und ein genaueres Verständnis jener Wirklichkeit ermöglicht, in der er lebt.[132] Unter den Bedingungen des erzählten 19. Jahrhunderts, so die Schlussfolgerung unter dieser Perspektive, ist es für – (klein-) bürgerliche – Frauen nahezu unmöglich, Subjekte und in Steigerung solchen Ich-Seins Künstler zu sein. Dem stehen insbesondere Weiblichkeitsentwürfe entgegen, die Individuierung sowie Sinnlichkeit und Begehren diskriminieren bzw. dämonisieren und die wie im Falle Philippas als Angst vor sich selbst internalisiert sind.

Wo sich dennoch wie im Falle Babettes wahres Künstlertum Bahn bricht,[133] als kreative Höchstleistung einerseits und als Einbruch in eine von Männern besetzte Welt andererseits, kann sich dies nur außerhalb des disziplinären Kanons und als subversiver, massive Selbstverleugnungen und Selbstbeschädigungen nach sich ziehender Akt der materiell wie ideell Enteigneten vollziehen, des

---

[132] Vgl. bspw. Benjamins *Berliner Kindheit um Neunzehnhundert* (1977) oder dessen Thesen *Über den Begriff der Geschichte* (1991).
[133] Auffälliger Weise geht bei Babette das Künstlertum mit der Dämonisierung ihrer Person einher.

Vierten Standes nämlich. Dieser Vierte Stand aber, mit der Frau als ausgeprägtester Form von Rechtlosigkeit und Unselbstständigkeit, wird seitens der Herrschenden mit allen Mitteln unterdrückt und ausgebeutet zugleich, seien diese ökonomischer oder politisch-militärischer Art, und dies letztlich um jeden dafür zu zahlenden Preis, auch um den der aristokratischer- und bürgerlicherseits hoch gewichteten und ideologisch[134] betrachtet Identität stiftenden von Moral und Kunst.

Ist es demnach um das Künstlertum von Philippa und Babette als Frauen und als Vertreter des (Klein-)Bürgertums und des Proletariats im 19. Jahrhundert so schlecht bestellt, dass im Sinne des ‚vom Rande her Sehens und Denkens' Befürchtungen grundsätzlicher Art um das Künstlertum gerechtfertigt erscheinen, werden diese durch einen Blick auf den etablierten Künstler Achille Papin keineswegs zerstreut. Dabei gilt es allerdings zu beachten, dass es sich bei dem von Papin ausgeübten Operngesang in der erzählten Welt um eine flüchtige, an die Unmittelbarkeit des Vortrags gebundene Kunstform handelt, für die es keine Speichermedien gibt, das heißt auch: keine von der Person und ihrem Vortrag unabhängige und zugleich ausdruckstreue Distributionsmedien und solche erinnerungskultureller Art. Eingedenk dieses Hintergrundes ergibt sich dann, dass Papin wohl seine Kunst ausüben konnte, dabei aber gänzlich jenem schmalen Korridor an Zeit ausgeliefert war, in dem seine Stimme den Anforderungen eines gehobenen öffentlichen Vortrags genügte. Um großen Erfolg zu haben, war er zudem genötigt, häufig auf Reisen zu sein, was mit einem Verlust an Privatsphäre und privater Lebensführung überhaupt einherging.

Entscheidender als diese beiden Tatbestände dürften für die Melancholie, von der beim ersten Auftreten Papins gesprochen wird (vgl. a. a. O.:14), allerdings zwei weitere Umstände sein, die unmittelbar mit Papins Persönlichkeit, seiner Weltanschauung und mit seiner Haltung seiner Kunst gegenüber zu tun haben. Als ebenso leutseliger wie aufrichtiger wie selbstkritischer Romantiker, der er

---

[134] „Ideologie" wird hier im Sinne von Marx als falsches Bewusstsein verstanden.

ist (vgl. a. a. O.: 15 f.), als künstlerischer Mensch bzw. menschlicher Künstler also dürfte der ‚ganzheitliche', im Unterschied etwa zu Galliffet mit sich stets identische und von daher auch an der Welt leidende Papin so gar nicht in jenen Kunstbetrieb gepasst haben, der allein seine Wirkungsstätte sein konnte; so lautet die eine Vermutung bzw. der eine Umstand. Dieser vermutete Umstand gewinnt an Plausibilität, wenn man erinnert, dass es Papin offensichtlich allenfalls selten „erlaubt" gewesen ist, sein „Äußerstes" (a. a. O.: 79) zu geben und von daher als Künstler ganz bei sich zu sein. In der Regel hat sich das Publikum mit weniger, das heißt aber in der Perspektive des unbestechlichen Papin, mit Minder-Kunst oder mit Nicht-Kunst zufrieden gegeben, diese vielleicht sogar gefordert und dafür auch noch Applaus gespendet. Mit anderen Worten: Papin hat zwar rein formell gesehen seiner Kunst nachgehen können, sein Künstlertum aber, zu dem auch das kunstsinnige, kritisch fordernde Publikum als Pendant zur scharf beäugenden Selbstwahrnehmung gehört, ist dabei meist auf der Strecke geblieben und musste einer gesellschaftlichen Funktion weichen, beispielsweise der des Unterhaltsamen.

Der andere Umstand ist darin zu sehen, dass es dem Künstler Achille Papin mit Blick auf den französischen Bürgerkrieg zu Beginn des Jahres 1871 offensichtlich nicht möglich gewesen ist, trotz konservativer Grundhaltung seine hohen Sympathien für die berechtigten Forderungen der „edelgesinnten" (s. o.) Aufständischen und seine Abscheu gegenüber der Brutalität der Unterdrücker zu zeigen; er konnte allenfalls im Stillen, beispielsweise in der Form eines Empfehlungsschreibens, tätig werden und dabei sein Sowohl-als-auch zu Protokoll geben. Das über gesellschaftliche Differenzen und Antagonismen hinweg Einende und Versöhnende der Kunst hingegen, das Papin in den Sinn kam, als er die von allen vergötterte Operndiva Philippa erträumte, ist ausgeblieben und dem Bewusstsein gewichen, dass Gerechtigkeit statt Gewalt, wahre Kunst statt ‚Ware Kunst' und Geborgenheit statt Vereinzelung nicht auf Erden und erst im Himmel zu erreichen sind.

Dass schließlich Martine und Philippa einerseits und Babette andererseits konstellationär über das Schlagwort „Frausein" bzw. „Weiblichkeit" miteinander verbunden sind, liegt auf der Hand. Bei aller Unterschiedlichkeit der beiden Schwestern, die sich am Grad allgemeiner Weltenferne und damit verbundener Lebensangst, am Verhältnis zu den Künsten sowie insbesondere an der Vorstellung von Liebe ablesen lässt – rein ideell hier und sowohl ideell als auch fleischlich dort –, sind sie doch darin nicht unterschieden, dass ihnen jede Erfahrung gelebter Liebe ebenso abgeht wie diejenige tragischer Konflikte; darüber hinaus sind sie völlig unpolitisch und um des Jenseits willen ganz auf Privates und die semi-private Enklave „Gemeinde" fixiert; von nichts anderem wissen sie. Ganz anders Babette: Sie steht für einen sehr diesseitigen, ungemein anspruchsvollen Entwurf von Frausein bzw. Weiblichkeit, in dem Alltag und Kunst sowie Familiär-Privates und Öffentlich-Politisches Hand in Hand gehen und in dem Begehren, Begierde und Genuss eine zentrale Rolle spielen; bevorzugt tut sie dies ganz offensichtlich in der Form der kreativen, mehrere Sinne ansprechenden Verwandlung von Natur, d. h. von Essbarem, in Kunst, d. h. in diverse auserlesene Gerichte, deren Abfolge und deren Kombination mit ausgezeichneten Getränken.

Und die Gemeinde? Und General Galliffet? Beide haben dies gemeinsam, nicht wie die anderen Figuren vorrangiges Erzählinteresse auf sich zu ziehen. Dennoch kann auf sie nicht verzichtet werden, da an ihnen etwas demonstriert werden kann, das die Hauptfiguren unmittelbar betrifft und das Auskunft über die – problematischen weil umfassend Dissoziation befördernden – gesellschaftlichen Verhältnisse gibt, in denen sie leben. Festzustellen ist, dass sowohl der General als auch die Gemeinde in gewisser Hinsicht und im Unterschied zu anderen Figuren im (semi-)öffentlichen Raum keine Akteure im strengen Sinne des Wortes sind. Selbstverständlich agieren sie im Rahmen ihrer jeweiligen, in Galliffets Fall sogar beträchtlichen Möglichkeiten, doch ist ihr Agieren von der Art, dass es kaum als Ausdruck ihrer ureigensten, aus Alternativen wählenden

Entscheidung aufgefasst werden kann. Es zeigt sich vielmehr als Ausdruck von Fremdbestimmung, eines Gelenktseins, das bei ihnen zu einer widerspruchsvollen Spaltung in eine Privatperson und eine öffentliche Rolle bzw. einen Beruf führt.

Galliffet beispielsweise handelt ganz grundsätzlich zunächst einmal nach dem Willen jenes der Kommune feindlich gesonnenen politisch-gesellschaftlichen Establishments aus Aristokratie und Bourgeoisie, das zugleich Mäzen und Konsument der Kunst in all ihren Facetten ist. Das bringt ihn in die paradoxe Situation, sich selbst und Babette Hersant quasi dichotomisieren zu müssen, in jene der Kochkunst nachgehende Frau nämlich, für die er als Connoisseur alles zu tun bereit wäre, und in jene revolutionäre Bürgerin, die er als General so sehr verabscheut, dass er sie füsilieren möchte.[135] Galliffet gelingt es demnach weder, eine tendenziell widerspruchsfreie Identität herauszubilden, noch von anderen ein Bild zu entwerfen, das ihn zu einem sicheren, auf Dauer bejahten Handeln befähigen würde.

Der Gemeinde ihrerseits geht es allerdings nicht viel anders. Vor ihrer ‚Heilung‘ durch die genannten Vorkommnisse (s. o.) ist sie wie Galliffet allseits durch Spaltung bestimmt. Es ist ein Riss zwischen ihr und der Welt, sie selbst als Kollektivsubjekt ist zerrissen und selbst die einzelnen (andeutungsweise erzählten) Gemeindemitglieder schauen auf sich selbst und ihr Leben als eine Anhäufung von Disparatem. All dies leitet sich ab aus dem fremden Willen, der in der Gestalt der Lehre des Propstes über sie gekommen ist und der sie Jahrzehnte lang daran gehindert hat, sich ein realistisches, zu Selbstbestimmung, konstruktiver Selbstkritik und kritisch-liebevoller Begleitung befähigendes Bild von ihrer Welt (in Gestalt von Martine, Philippa und auch Babette) und von sich selbst zu machen.[136]

---

[135] Umgekehrt sieht sich, wie gezeigt, Babette Hersant ebenfalls genötigt, in der beschriebenen Art und Weise zwischen dem Connoisseur Galliffet und dem General Galliffet zu unterscheiden.

[136] Selbstverständlich ließen sich weitere Konstellationen bilden, so beispielsweise diejenige Propst-Galliffet. Diese beiden nämlich sind insofern die ‚Buhmänner‘ der Novelle, als für ihre Verfehlungen – eine ums Leben betrügende Lehre hier, eine wahllos ums Leben bringende kriegerische Brutalität

IX. „Feast": Das Fest und das Festmahl[137]

In der (deutschsprachigen) Forschungsliteratur zu *Babette's Feast /
Babettes Fest* ist „feast" regelmäßig auf die Bedeutung „Festmahl"
verengt worden; dazu hat nicht zuletzt der Titel *Babettes Gæstebud*
der dänischsprachigen Version beigetragen, der weniger verspricht,
als der Text tatsächlich liefert. Dieses Festmahl wiederum wurde interpretatorisch ein ums andere Mal auf eine einzige Speise, die „Cailles en Sarcophage", reduziert, die dergestalt nicht nur zum Zentrum
des Festes bzw. Festmahls erklärt wurde, sondern zum Zentrum des
Textes schlechthin; dabei wurde zudem so verfahren, dass „Cailles
en Sarcophage" unter der Hand nur noch als „Sarcophage" gelesen
wurde, mit weitreichenden interpretatorischen Folgen.[138] Alle diese

---

dort – niemand ein relativierendes oder entschuldigendes Wort erhebt, selbst
die Erzählerstimme nicht.

[137] Wie sich insbesondere aus der prekären Situation der Gemeinde ergibt, ist
das Festmahl von Martine und Philippa nicht nur als ein Mahl zum Gedächt-
nis des Propstes intendiert, sondern auch als ein Gast-, Versöhnungs- und
Friedensmahl. Daran ließen sich lange kulturgeschichtlich orientierte Erwägungen anschließen. – Nach von Schnurbein „dient" das Gastmahl in der
Erzählung „als Metapher für das Kunstwerk. Durch das Mahl werden die
Erinnerungen der beiden Schwestern an ihre kurzen Flirts mit Liebe, Ruhm
und Kunst wachgerufen." (von Schnurbein 2008: 136) Beide Behauptungen
sind problematisch: Versteht man, zum einen, unter „Gastmahl" die Abfolge von Speisen und Getränken, dann ist dieses Gastmahl ein Kunstwerk
(an späterer Stelle bezeichnet von Schnurbein die „Cailles en Sarcophage"
selbst als „kulinarische[s] Kunstwerk", a. a. O.: 142; dabei blendet sie freilich ohne Begründung alle anderen Speisen und Getränke völlig aus); versteht man unter „Gastmahl" hingegen das gemeinsame Essen und Trinken in
seiner prozessualen Entfaltung, ist das nur schwerlich mit einem Kunstwerk
in Verbindung zu bringen. Zum anderen hat sich bei Martine und Philippa,
wie der Schluss der Novelle zeigt, die Erinnerung an ihre Begegnungen mit
Liebe und mit Kunst (Ruhm hat für Philippa zu keinem Zeitpunkt eine Rolle
gespielt) ihr Leben lang wach gehalten und brauchte nicht eigens geweckt
zu werden; für Martine beispielsweise hätte eine erneute Begegnung mit
Lorens Löwenhjelm bei „Stockfisch und Brotsuppe mit Bier" (Blixen 2003:
26) zu keinem anderen Ergebnis geführt.

[138] Ein Beispiel dafür ist von Schnurbein. Sie erklärt die „Cailles en Sarcophage" zum „kulinarischen Kunstwerk", „mit dessen Hilfe eine Reihe von
Paradoxen und Widersprüchen diskutiert werden" (von Schnurbein 2008:
142), ja zum „zentralen Symbol für das Kunstwerk" überhaupt. Durch die

Sicht- und Verfahrensweisen scheinen mir schwach begründet zu sein bzw. aus dem Text heraus nicht hinreichend plausibel gemacht werden zu können.

Über das „feast" in *Babettes Feast* kann auf unterschiedliche Weise gesprochen werden. Entscheidend ist zunächst einmal, dass es sich um Babettes „feast" handelt und nicht etwa um dasjenige des Propstes – das ist die Perspektive aller anderen Akteure, nicht aber diejenige des Textes –, obwohl die Feier zu dessen Ehren und einhundertstem Geburtstag mit deren „feast" bzw. mit Teilen dieses „feast's" in eins fällt und deren Ursache ist.

Dann ist es so, dass das „feast" sowohl als „Fest" als auch als „Festmahl", als Abfolge von Getränken und Speisen aufgefasst werden kann; will man unter „feast" „Fest" verstehen, muss man zudem zwischen „Fest" im engeren und im weiteren Sinne unterscheiden, ist es doch für Babette ganz offensichtlich schon ein Fest, alle Vorbereitungen für das Festmahl zu treffen, ja, überhaupt die Zusage für die kulinarische Gestaltung der Propst-Feier zu erhalten. Diese von ihr geradezu erbettelte Zusage verändert die sonst stille, zurückgezogene und glanzlose Babette nämlich auf der Stelle und „vollständig" (a. a. O.: 39) und lässt ihre ehemalige Schönheit wieder aufscheinen (s. o.). Darüber hinaus erweist sich aber auch die Schlusssequenz der Novelle, das Zusammentreffen zwischen ihr und den Schwestern in der Küche, als ein Fest für Babette, tritt sie doch hier in nie zuvor gesehener Weise auf (s. o.; s. u.).

Dass die Vorbereitungen des Festmahls für Babette bereits ein Fest sind, lässt sich unter anderem daran ablesen, dass die Novel-

---

„Cailles en Sarcophage" mache der Text „eine Aussage über die Kunst selbst, darüber, welche Lüste, Genüsse und Gefahren mit dieser verbunden sind, und darüber, dass Kunst immer im Bereich zwischen Leben und Tod angesiedelt ist." (A. a. O.: 143 f.) Blixen beschreibe das Kunstwerk als „Vermittler zwischen Leben und Tod, Materialität und Transzendenz" (a. a. O.: 144). Eine Begründung für diese vom Text her schwerlich zu stützenden Spekulationen wird allerdings nicht gegeben. Angeblich haben nach von Schnurbein die „Cailles en Sarcophage" auch „Effekte […] auf die Gemeinschaft" und auf „die Erinnerung bzw. das Vergessen" (a. a. O.: 144); auch diese Hypothese wird durch den Text nicht gestützt.

le diesen Vorbereitungen etliche informationsgesättigte Seiten ein-
räumt; es wird aber auch an dem Aufwand und den Inkaufnahmen
deutlich – es geht zunächst einmal um eine acht- bis zehntägige
Reise im November in die Hauptstadt Kristiania (a. a. O.: 39), obwohl sie Reisen zur See absolut nicht verträgt (a. a. O.: 39 f.) –,
die die ebenso systematisch wie akribisch zu Werke gehende Babette völlig freiwillig auf sich nimmt, um das von ihr gewählte
Herzensziel zu erreichen. Trotz aller Strapazen nämlich, die sich
über Wochen hinziehen und die in den Kochvorgängen vor und am
Festtag ihren Höhepunkt finden, blüht Babette in einer Weise auf,
die die Erzählinstanz nur bildlich mit dem endlich frei gelassenen,
rasch überdimensional anwachsenden „Flaschenteufel im Märchen"
(a. a. O.: 41) zu erfassen weiß.

Das „feast" bzw. „Fest" im eigentlichen, engeren Sinne aus Anlass des einhundertsten Geburtstages[139] des Propstes findet ohne
Babette statt, will man vernachlässigen, dass sie während der Fest-
stunden im nicht erzählten Hintergrund agiert und dabei ganz gewiss festlich gestimmt ist. Das Fest fällt mit dem 15. Dezember
1883 auf einen Samstag, auf jenen Tag also, mit dem nach traditionell jüdisch-christlichem Verständnis die Woche endet; es findet
zudem am Abend, das heißt nach Einbruch der Dunkelheit statt und
schließt sich insofern unmittelbar an den Schabbat an.[140] Seitens der
Natur wird das Fest dadurch gerahmt, dass es vor Festbeginn zu
schneien beginnt (vgl. a. a. O.: 45) und nach dem Festende zunächst
einmal zu schneien aufhört (vgl. a. a. O.: 70). Da Lorens Löwenhjelm unverhofft mit zu den Festteilnehmern gehört, ist man am

---

[139] Die Zahl 100 steht in der Bibel für Jubel und Freude, Hunger und Sättigung sowie für Zusammengehörigkeit; es ist die „Zahl Gottes auf der Ebene
der Generationen und Geschlechter" (Zint o. A.: 162). Im *Alten Testament*
kommt sie einhundert Mal vor; Abraham ist 100 Jahre alt, als der Erzvater
Isaak geboren wird. – Vgl. auch Anm. 47, 107 und 141.

[140] Mit Blick auf den an einem Wochenbeginn geborenen Propst bedeutet das,
dass auch symbolisch auf das Ende seiner Glaubensherrschaft hingewiesen
wird, ironischerweise auf der Feier zu seinen Ehren. – Vgl. auch Anm. 38.

Tisch zu zwölft[141] (a. a. O.: 46). Bindet man diese Daten an die *Bibel* zurück, wozu heuristisch aufgrund der sonstigen Fülle an Bezügen auf die *Bibel* (s. o.) aller Grund besteht, und führt sie zudem mit bereits gewonnenen Erkenntnissen beispielsweise zum hier vorliegenden Symbolgehalt von Schnee (s. o.) und denjenigen Informationen zusammen, die für den Festverlauf gegeben werden, solchen beispielsweise die Doppelrolle Lorens Löwenhjelm betreffend als eben dieser und als wortwörtliches Sprachrohr eines namentlich ungenannten fremden Willens (s. u.), dann drängt sich unwillkürlich ein Vergleich des Festes mit dem Abendmahl Jesu (vgl. auch a. a. O.: 60) und der Anwesenden mit den Jüngern Jesu auf.

Hinsichtlich eines solchen Vergleichs sind allerdings die Abweichungen aufschlussreicher als die Übereinstimmungen. Dabei gilt die erste Frage der – leiblichen – Abwesenheit von Jesus. Auf symbolischer Ebene erklärt sich diese durch die mit den Propst-Daten zusammenhängende Verlegung des Festmahls von (Grün-)Donnerstag auf einen Samstag; der an Karfreitag Gekreuzigte kann gar nicht mehr leiblich unter seinen Jüngern sein, wohl aber dem Geiste nach. Und wer anderes als Lorens Löwenhjelm könnte es hier sein, durch dessen Mund Jesus am Ende des Festes zu seinen Jüngern spricht? Der Propst etwa? Der ist, seit das Esszimmer von den Festteilnehmern betreten wurde, nur noch als stummes Porträt anwesend und nimmt nur noch insofern auf den Verlauf des Festes Einfluss, als davon erzählt wird, wie er sich zu Lebzeiten als eine Jesus-Figur inszenierte.[142]

Ob diese ungeheure Anmaßung des Propstes in Zusammenspiel mit seinen mehr als fragwürdigen Glaubenssätzen und Lebensregeln ausreichend Anlass dafür bietet, auf die zweite sich bei einem

---

[141] Auch die in der *Bibel* prominent vertretene Zahl 12 – es gibt 12 Apostel, 12 Stämme Israels und das würfelförmige Himmlische Jerusalem beruht ganz auf der Zahl 12 (Off 21,11–15) – spielt in *Babettes Fest* eine wichtige Rolle; so ist der Text in 12 Kapitel unterteilt, der Propst ist im 12. Monat geboren und Babette muss 12 Jahre lang auf ihren ‚Festtag' warten. – Vgl. auch Anm. 47, 107 und 139.

[142] Vgl. Anm. 49.

Vergleich von Fest und Abendmahl Jesu stellende Frage eine Antwort zu geben, diejenige nach der leiblichen Abwesenheit von Judas Iskariot? Nach allem, was der Text erzählt und die Erzählinstanz aussagt, kann jedenfalls keiner der Festteilnehmer auch nur annäherungsweise mit Judas bzw. mit Verrat in Verbindung gebracht werden, auch wenn sie in ihrer Lebensführung insofern in die Irre gingen, als sie der Lehre des Propstes folgten. Aber wird nicht diese Lehre des Propstes in der Ansprache Lorens Löwenhjelms in eben der Weise als Verrat angesprochen, in der Jesus Judas auf den Kopf zusagte, dass er der Verräter sei (vgl. Matt 26,25 f.)? Bejaht man diese Frage, dann verhält es sich mit dem ‚Abendmahl' im Hause des Propstes so, dass die Protagonisten des Abendmahls Jesu, dieser selbst und sein Verräter Judas Iskariot, wohl anwesend sind, doch ‚nur' als Lehre und nicht leiblich.[143]

Von den Festteilnehmern zu sprechen, zum Dritten, bringt den Tatbestand in Erinnerung, dass beim Festmahl im Unterschied zum Abendmahl Jesu beide Geschlechter, so hat es den Anschein, mehr oder minder paritätisch vertreten sind, im übertragenen Sinne also auch von Jüngerinnen gesprochen werden müsste; keine dieser Jüngerinnen kann als solche zwar entscheidend zum Fest beitragen – das bleibt Löwenhjelm als Mann vorbehalten – doch fallen „dünne, brüchige Frauenstimmen" von anonym bleibenden Gemeindemitgliedern, die zu hören sind, gegenüber dem „zitternde[n] Falsett" (a. a. O.: 49) eines Gemeindebruders nicht ab.

Schließlich unterscheiden sich Festmahl und Abendmahl Jesu fundamental in ihrem Ausgang. Heiterkeit, Ausgelassenheit, Seligkeit, Gemeinschaft sowie Aufgehoben- und Bewahrtsein bei den Festteilnehmern hier stehen der Gang nach Getsemane, Traurigkeit, Angst, Verlassenheit, Gebete, Verrat und Gefangennahme dort sowie die sich anschließende Kreuzigung gegenüber. Größer sind die präzise aufeinander bezogenen Gegensätze kaum zu denken, und

---

[143] Wie Judas Iskariot, ist auch die Lehre des Propstes Voraussetzung dafür, dass sich am Ende der Novelle für alle Teilnehmer am Festessen so etwas wie Heilung ereignen kann.

eben darum – als Verwandlung einer Katastrophengeschichte in ein Erfolgsmärchen – ist das Festmahl als mehrdimensionale Überschreibung des Abendmahls Jesu zu lesen. Dessen Ausgang, die Kreuzigung als das Angebot der Erlösung von allen Sünden, bleibt dabei allerdings die Voraussetzung dafür, dass das Erfolgsmärchen überhaupt stattfinden und erzählt werden kann.

Als drittes Fest neben der Vorbereitungszeit (Babette) und dem Verzehren des Festmahls (Gäste)[144] ist dann die zum Schluss der Novelle erzählte (s. o.) Küchensequenz zu sehen, in der Babette einen Triumph feiern kann, der unter den – einschränkenden – Bedingungen jener Welt(en), in denen sie lebt, nicht größer sein könnte. Von daher spräche nicht zuletzt auch angesichts des Titels der Novelle einiges dafür, in dieser Schlusssequenz den eigentlichen Höhepunkt des Geschehens zu sehen und nicht in dem faktisch ja handlungsarmen und erzählerisch kaum gestalteten Ablauf des Festmahls.

Liest man „feast" hingegen nicht als „Fest", sondern als Festmahl, ist zunächst einmal die von Babette festgelegte Abfolge von Getränken und Speisen in Erinnerung zu rufen. An Getränken werden „Amontillado" (a. a. O.: 58) und „Veuve Cliquot 1860" (a. a. O.: 61) namentlich genannt, äußerst erlesene Alkoholika also, von denen der als weltbester geltende Wein (vgl. a. a. O.: 64) bereits kredenzt wird, bevor von Speisen überhaupt die Rede ist. Kann es da verwundern, dass der Wein auf die im Alkoholgenuss ungeübten und zudem mit leeren Mägen angetretenen Gemeindemitglieder eine Wirkung hat, die die der Speisen insofern bei Weitem übertrifft, als er jedem Gemeindemitglied dazu verhilft, „jeden Gedanken an Speis und Trank […] vollkommen aus seinem Bewusstsein" zu verbannen und dergestalt „im rechten Geist" (a. a. O.: 62) zu essen und zu trinken?

Als Speisen werden der Reihenfolge nach, soweit überhaupt benannt, „Schildkrötensuppe" (a. a. O.: 58), „Blinis Demidoff" (a. a. O.: 59), „Cailles en Sarcophage" (a. a. O.: 61) sowie „Trauben, Pfirsiche und frische Feigen" (a. a. O.: 64) genannt. Dabei sind

---

[144] Eingedenk der sich daraus ergebenden ‚festlichen' Folgen für Löwenhjelm und Martine sowie für die Gemeindemitglieder auf deren Nachhauseweg.

die „Cailles en Sarcophage" seitens der Forschung immer schon symbolisch ausgedeutet und dabei sogar zum Zentrum der gesamten Novelle erklärt worden; umso verblüffender ist es daher, dass den anderen Speisen so gut wie keine Aufmerksamkeit geschenkt wurde. Warum beides der Fall ist, ist nicht leicht zu sagen, es könnte hinsichtlich der „Cailles en Sarcophage" damit zusammenhängen, dass das Wort „Sarcophage" als ebenso selbsterklärend wie semantisch eindeutig und damit als interpretatorische ‚Steilvorlage' aufgefasst worden ist. „Sarcophage", das kann doch in Anlehnung an die altgriechische Bedeutung nur „fleischfressend" meinen und damit von Aufzehren und Vernichtung sprechen, im übertragenen Sinne von derjenigen der Kunst, die in der Figur der Babette Hersant repräsentiert ist? Kann es das, zumal in Kombination mit „Cailles", zumal als Bestandteil einer Präpositionalphrase, die mit Hilfe einer Präposition zwei Nomen in Beziehung zueinander setzt? Bedeutet das Wort „Sarcophage" in dieser Präpositionalphrase tatsächlich „fleischfressend" oder meint es nicht vielmehr das genaue Gegenteil, nämlich „aufbewahrend" und „einen Schutzmantel bietend"? Faktisch handelt es sich ja sowieso um nichts anderes als einen Teigmantel, der wie im vorliegenden Falle Wachteln umschließt. Doch würde es fachsprachlichen, stets auf „exquisit", „exzellent", „phantasiereich", „superb" und dergleichen mehr hinauslaufenden Benennungspraktiken im Bereich Haute Cuisine ganz gewiss zuwiderlaufen, ganz ordinär von „Cailles en Croûte" bzw. von „Wachteln im Teigmantel" zu sprechen. Kommt da nicht das nobilitierende Wort „Sarcophage" gerade zupass?

Aber es gilt, da „Sarcophage" ja Bestandteil einer Phrase ist, auch deren anderen Bestandteil „Cailles" auszudeuten, wenn überhaupt eine – methodisch korrekte und in sich schlüssige – symbolische Lesart des gesamten Ausdrucks angestrebt wird. Was läge angesichts der ‚Bibellastigkeit' und -festigkeit des Textes da näher, als auch hier die *Bibel* zu befragen. Sie nun berichtet davon, dass das Fleisch der Wachteln unter bestimmten Umständen Tod bringend sein kann, dann nämlich, wenn in unersättlicher, bedenkenlos einfordernder

Gier nach exquisiter (Fleisch) und als solcher (dank ausreichend Manna) gar nicht benötigter Nahrung zu viel davon genossen wird (4 Mos 11,31–34; vgl. auch 2 Mos 16,11–30).[145] Vor diesem Hintergrund gelesen, wären dann die „Cailles en Sarcophage" eine Speise, die als solche und ihrem Namen nach mehrere, ganz auf die Festgemeinde zu Ehren des Propstes zugeschnittene Funktionen erfüllt. Dank des sättigenden Teigmantels kann sie rein physiologisch daran hindern, der Völlerei an Luxuslebensmitteln zu erliegen. Zugleich schützt dieser Teigmantel aber auch das wertvolle Lebensmittel und hält zur wertschätzenden Aufmerksamkeit auf das an, was sich unter ihm verbirgt. Dem Bibelkundigen, zum Dritten, dient sie dabei zugleich auch als Menetekel, wohin ungebremste Gier und Lust führen können; das bedeutet andererseits allerdings auch, dass ohne einschlägige Kenntnisse des *Alten Testaments* das Gefährdungspotential dieser Speise nicht erkannt wird.[146] Schließlich hält diese Speise, ihrem spannungsgeladenen Namen geschuldet, das Bewusstsein für die Endlichkeit alles irdischen Seins und Genusses wach. Kaum zu erschließen ist allerdings, was die im Hause des Propstes servierten „Cailles en Sarcophage" mit der Kunst, deren Ausübung, deren Stellung in der Welt sowie mit Weiblichkeit, Frausein und weiblicher Künstlerschaft zu tun haben sollen.[147]

---

[145] Wenn der erzürnte Gott dem murrenden, des himmlischen Mannas überdrüssigen und nach Fleisch, Fisch und Früchten gierenden Volk Israel während des Jahrzehnte währenden Weges aus Ägypten ins Land Kanaan eine Invasion an Wachteln schickt, an deren Verzehr sich viel „lüsternes Volk" den Tod holt, wählt er diesen Vogel nicht von ungefähr aus. Als Bodenvogel und Zugvogel zugleich, der von Pflanzen- und von Tiernahrung lebt, polygam ist und kaum äußerliche Unterschiede zwischen männlich und weiblich kennt, ist er als ‚Indifferentist' par excellence dazu prädestiniert, das Objekt für wahllose Gier um der Gier willen abzugeben. – Vgl. auch Anm. 70.

[146] Vgl. die nachfolgende Anm.

[147] In diesem Zusammenhang ist daran zu erinnern, dass Babette die „Cailles en Sarcophage" ja bereits zu ihren Pariser Zeiten erfunden und – vermutlich – mehr als einmal zubereitet hat. Sie konnte sich also als Künstlerin ganz ungehindert entfalten und zudem den Applaus des Publikums empfangen – Achille Papin und General Galliffet kennen sie ja offensichtlich persönlich. Im Kontext des Café Anglais ist zudem schwerlich davon auszugehen, dass Babette mit diesem Gericht und dessen Benennung eine Re-

Auch die „Schildkrötensuppe", die als erstes serviert wird, verdient im Rahmen des Versuchs einer symbolischen Ausdeutung volle Aufmerksamkeit; in diesem Zusammenhang sollte schon der Umstand aufhorchen lassen, dass das fünf Seiten umfassende siebte Kapitel sogar den Titel „Die Schildkröte" trägt und dieses Tier damit in auffälliger Weise heraushebt. Intradiegetisch hat dies sicherlich auch mit dem exotistischen Potential der Schildkröte zu tun, das diese beispielsweise für die Schwestern Martine und Philippa hat. Entscheidender ist aber, dass mit der Schildkröte im Hause des Propstes ein Tier auf den Tisch kommt, das in christlicher Tradition als „unrein" (3 Mos 11,29)[148] gilt und für die Unterwelt und für Finsternis steht. Doch zeigt sich wie später auch bei den „Cailles en Sarcophage" (vgl. a. a. O.: 63), dass das Verführungspotential zum Negativen, das in der gleisnerischen Gestalt außergewöhnlicher Speisen auftritt, den Teilnehmern des Festmahls nichts anhaben kann und sie gänzlich kalt lässt. Das kann man auf die Glaubensfestigkeit dieser Festteilnehmer zurückführen. Man kann aber auch zur Diskussion stellen, ob der seiner Grundhaltung nach zwar christlich argumentierende, doch dem Pietismus und der Askese abholde und dem Weltlichen zugewandte Text an dieser Stelle bzw. anhand der bislang diskutierten Speisen (und Getränke) nicht generell der pauschalen Inkriminierung von Gaumenfreuden und Genussorientierung ein Ende setzen möchte.

Hat man es mit der „Schildkrötensuppe" und den „Cailles en Sarcophage" wie gezeigt aus alttestamentarischer Sicht mit problematischen, auf höllische Gegenwelten oder auf den Zorn Gottes

---

flexion über Kunst und weibliche Künstlerschaft oder auch über religiöse Angelegenheiten im Sinn gehabt haben sollte.

[148] Im hebräischen Text steht das Wort צָב (gesprochen Tsawb). Das lässt sich sowohl mit Eidechse als auch mit Schildkröte übersetzen. „Schildkröten spielen in der christlichen Tradition der Antike, soweit sie auf den orientalischen Raum beschränkt blieb, keine Rolle. Erst mit der Christianisierung Roms und dem Einfluss, den römisches Denken und Leben für das Christentum gewann, erhielt die Schildkröte auch einen Symbolwert – und der war keineswegs positiv, davon berichten die Kirchenväter Ambrosius und Hieronymus." (Prauser 2013)

verweisenden Speisen zu tun, verhält es sich mit den beiden anderen genannten Speisen umgekehrt. Die „Blinis Demidoff",[149] im Kern russische Pfannkuchen aus Buchweizenmehl, lassen sich unschwer als verfeinerte Weiterentwicklungen dessen verstehen, was in der *Bibel* bzw. im *Alten Testament* häufig unter „Brot" verstanden wird.[150] Von daher handelt es sich bei diesen „Blinis" um eine bibelkonforme Speise. Das gilt ungleich mehr für die „Trauben, Pfirsiche und frische[n] Feigen" (s. o.), die als Nachtisch serviert werden und für die sogar ausdrücklich auf den „Bach Eskol" (a. a. O.: 64) verwiesen wird, also auf die Episode 4 Mos 13,1–33. Dort wird davon erzählt, dass Mose Männer aussandte, um das Gelobte Land, das über vier Jahrzehnte angestrebte Kanaan, näher zu erkunden: „Und sie kamen bis an den Bach Eskol und schnitten daselbst eine Rebe ab mit einer Weintraube und ließen sie zwei auf einem Stecken tragen, dazu auch Granatäpfel und Feigen" (4 Mos 13,23); über den Nachtisch wird die Situation der Festteilnehmer also mit der des Volkes Israel kurz vor dem Betreten des Gelobten Landes kurzgeschlossen und somit enorm aufgewertet.

Auffallend ist in diesem von der Fruchtbarkeit Kanaans handelnden Zusammenhang allerdings, dass die „Granatäpfel" der biblischen Vorlage bei Blixen durch „Pfirsiche" ersetzt werden. Obwohl der „Granatapfel" in der *Bibel* für Gedeihen, Liebe, Lieblichkeit und vollendete weibliche Schönheit steht (vgl. auch *Hohelied* 4,3 und 13), wird er dennoch durch eine Frucht ersetzt, die in christlich-europäisch geprägten Kulturen ebenfalls erotisch-sexuell konnotiert ist. Ob das dadurch motiviert ist, dass „Granatäpfel" in unguter Weise mit jenem Apfel vom Baum der Erkenntnis[151] im Garten Eden in Verbindung gebracht werden könnten, der für den Sündenfall steht?

---

[149] Diese Blinis sind vermutlich nach dem russischen Großindustriellen Anatole Demidoff, Prinz von San Donato (1813–1870) benannt, der sich als Förderer von Kunst und Wissenschaft hervortat.

[150] Vgl. dazu Ziemer (2007).

[151] 1 Mos 2,8 und 16–17 sowie 1 Mos 3,1–7 lassen allerdings offen, um welche Art von Baum bzw. Frucht es sich handelt. – Regional bedingt, sind im Übrigen auch Granatapfel und Feige mit jener Frucht von Baum der Erkenntnis in Verbindung gebracht worden. – Vgl. auch Anm. 56.

Auf jeden Fall aber wird das Festmahl mit Früchten beschlossen, die für Lebenszugewandtheit, Sinnenfreude, Körperbejahung, Erotik, Genuss usw. stehen.

Es ergibt sich, dass das von Babette zubereitete Festmahl aus zwei unterschiedlichen Arten von Speisen besteht, solchen, die aus biblischer Sicht ein Gefährdungs- und Verführungspotential bergen, und solchen, die der *Bibel* nach wohlgefällig sind. Diese beiden Arten von Speisen werden alternierend serviert, dergestalt zum einen, dass dem ‚bedrohlichen' Beginn schließlich ein ‚freudig-sicheres' Ende gegenübergesetzt wird, dergestalt zum anderen, dass eine Aufwärtsbewegung erfolgt, die von kriechend am Boden haftend (Schildkröte) bis in luftige Baumhöhen (Feige) führt.

„Wenn man richtig nachrechnet, so ist überall Schiff-
bruch" (Petronius 2004: 221)?[152]

X. Fazit

Bei Tania Blixens Novelle *Babettes Fest* (1960) – das dürfte so
auch aller Detailabweichungen zum Trotz cum grano salis für Isak
Dinesens / Karen Blixens Novelle *Babette's Feast* (1950, 1958) /
Babettes Gæstebud (1952, 1958) gelten – handelt es sich um einen
eminent religiös-christlichen, mit zahlreichen Bezügen insbesondere auf die *Bibel* gesättigten Text. Dieser Text fragt im Spannungsfeld
von *Altem Testament* und *Neuem Testament*, Glaubensrichtungen
(Katholizismus, Lutheraner, Pietismus), Diesseits und Jenseits,
Moralvorstellungen und Liebeskonzepten, Politik (Reaktion, Revo-
lution), Bürgerlichkeit (Karrierismus, Materialismus), Kunst bzw.
Künstlertum (Musik, Kochen, Idealismus) und Geschlechtermo-
dellen (Weiblichkeit, Frausein) nach einer rechten, das heißt sinn-
lich-erfüllten, glücklichen und zugleich christlichen Lebensführung.
Dabei spielt die Frage nach dem Recht und dem Stellenwert alles
Diesseitigen, dem Körperlichen, Sinnlichen, Ästhetischen und Ero-
tischen, die Frage also nach Lebensfreude, Lust, Sexualität, Kunst,
Genuss und Erfüllung eine zentrale Rolle. Diese Fragen sind mit der
Frage verknüpft, wer aufgrund welcher Legitimationen institutio-
nell-professioneller (insbesondere der Propst) oder lebensweltlicher
und existenzieller Art (bspw. Löwenhjelm) Deutungsmacht insbesondere über die *Bibel* für sich beanspruchen kann.

In Anlehnung an 1 Kor 13 wird die gelebte Liebe in all ihren
Schattierungen und Ausprägungen zum höchsten, gottgefälligen
Gut erklärt, die Liebe sowohl zwischen einzelnen Menschen als
auch diejenige, die den – wohl dosiert praktizierten und / oder genossenen – natürlichen Gaben und kulturellen Möglichkeiten der

---

[152] Mit dem satirischen *Cena Trimalchionis* (Petronius 2004, Kapitel 6:
39–138) enthält dieser antike Schelmenroman wohl eines der berühmtesten
Gastmahle der Weltliteratur.

Schöpfung Gottes gilt. Es ist die so verstandene Liebe und nicht etwa eine frömmelnd-asketische oder auf weltlichen Applaus der einen oder anderen Art ausgehende Lebensführung, die dem menschlichen Dasein sowohl einen innerweltlichen Sinn verleiht als auch, als utopischer Vorschein, auf das ewige Leben im Paradies verweist und zugleich auf dieses vorbereitet.

Weil die so verstandene Liebe das höchste Gut und von Gott gewollt ist, geht dieser den Menschen gewogene Gott, so die zweite zentrale, sich an Röm 11,33 anschließende Aussage dieser Novelle, Wege „unerforschlicher", das heißt nach menschlichem oder kirchlich-gläubigem Ermessen gegebenenfalls auch ‚teuflischer', ‚sündiger', widersinniger oder kontrapunktischer Art, um den Menschen ein erfülltes, Sinn und Glück gewährendes diesseitiges Leben zu ermöglichen; dabei bedient er sich sowohl der Natur als auch ‚glücklicher Umstände' als auch einzelner Menschen. Doch liegt es bei den Menschen selbst, ob sie die dargebotenen Möglichkeiten ergreifen oder sich in Verblendungen flüchten, die zu fern von dieser Welt (Jenseits) oder zu nah an dieser Welt (Erfolg, Karriere) sind.

Literarisch begeistert die Novelle in verschiedener Hinsicht; das verdankt sie ihrer jeweiligen Strenge.[153] Streng ist der Text zum einen darin, dass er wohl keinen Satz, kein Wort vielleicht sogar enthält, der bzw. das nicht zweckdienlich wäre und auf den bzw. das von daher verzichtet werden könnte; zweckdienlich in dem Sinne, dass mit Blick auf Einzelschicksale und auf deren Allgemeines fokussierenden Verweischarakter ebenso vollständig wie ausschließlich zu Erzählendes erzählt und keinerlei ‚Beiwerk' geliefert wird. Streng zum Zweiten ist der Text aber auch hinsichtlich seiner strukturellen Eigenheiten, die alle dem Ziel dienen, die in Röm 11,33 und 1 Kor 13 formulierten Leitgedanken für die Figuren und insbeson-

---

[153] In diesem Zusammenhang von „textuelle[r] Anorexie" und „säkularisierte[r] asketische[r] Logik" (von Schnurbein 2008: 135) zu sprechen, wie von Schnurbein das tut, scheint eher zeitgebundenem, französisch raunendem Jargon geschuldet zu sein als der Bemühung um begriffliche Funktionalität und Präzision; darüber hinaus erscheint dieses Sprechen ‚vom Leben her gedacht' auch unpassend zu sein.

dere für uns als Leser zur – anschaulichen – Entfaltung kommen zu lassen; dementsprechend werden Zeitpunkte und Zeiträume nach sachlogischen Erwägungen sowohl gewichtet (quantitativ wie qualitativ) als auch in ihrer erzählerischen Abfolge organisiert. Dabei folgen diese Gewichtungen und diese Abfolge selbstverständlich auch dramaturgischen Erwägungen und lassen, einem Feuerwerk gleich, die Knoten lösenden Höhepunkte[154] der Erzählung mit deren Ende in eins fallen.

Schließlich ist auf die Erzählerstimme hinzuweisen, die hier insofern interessiert, als sie sich über das Recht der Auswahl und der Organisation von Erzählmaterial hinaus auch das Recht zuspricht, Kommentare abzugeben und sprachliche Perspektivierungen zu treffen; zudem erhebt sie für sich den Anspruch, alle Figuren an Verstehensleistung zu übertreffen. Bei all diesem von Verführungen bedrohtem Tun aber, so ist festzuhalten, nimmt sich die Erzählerstimme durchgängig in die Pflicht, dergestalt, dass sie allen erzählten Figuren – auch dem Propst, auch General Galliffet – ihre menschliche Würde lässt.

---

[154] Der Plural ist hier dann zu wählen, wenn man nicht ausschließlich Babette und ihren Triumph in den Blick rückt, sondern auch das durchaus unterschiedliche Glück der anderen Festmahlteilnehmer würdigt.

XI. Nachbemerkung: Gabriel Axels Film *Babettes Fest*

Als 1985 Sydney Pollacks mehr als zweieinhalb Stunden langes, melodramatisch-exotistisches Hochglanzepos *Out of Africa* (*Jenseits von Afrika*) mit Meryll Streep, Robert Redford und Klaus Maria Brandauer in den Hauptrollen in die Kinos dieser Welt kam und zu einem bis heute anhaltenden großen Erfolg wurde, kam das auch einer Wiedergeburt der einst international hoch angesehenen, 1962 verstorbenen dänischen Schriftstellerin Karen Blixen gleich. Dem Film zugrunde liegen nämlich neben zwei wissenschaftlichen Quellen[155] vor allem Blixens Novelle *Skygger på Græsset* (1960; *Schatten wandern übers Gras*), ihre autobiographischen Aufzeichnungen *Den afrikanske farm* (1937; *Afrika, dunkel lockende Welt*) und ihre postum erschienenen *Breve fra Afrika* (1978; *Briefe aus Afrika. 1914–1931*).

Vor diesem Hintergrund überrascht es nicht, dass bald darauf versucht wurde, mit einer weiteren Verfilmung eines Blixen-Textes[156] an den noch ‚warmen‘ Erfolg von *Out of Africa* anzuknüpfen. Auch diese Verfilmung, die im Vorspann explizit vorgibt, Blixens Novelle zu präsentieren, war ein großer, sich auch in zahlreichen Auszeichnungen niederschlagender internationaler Erfolg, größer sogar als derjenige von *Out of Africa*: Im Jahre 1988 wurde der Film als „Bester fremdsprachiger Film" mit einem Oscar bedacht, 1995 dann in die Filmliste des Vatikans aufgenommen, die nur ein paar Dutzend empfehlenswerte Filme umfasst.[157]

---

[155] Judith Thurman (1982) und Errol Trzebinski (1977).

[156] Schon 1967 hatte Orson Welles Blixens Erzählung *The Immortal Story* (1958) verfilmt. Das Fernsehspiel *Une histoire immortelle* (*Stunde der Wahrheit*) mit Welles selbst und Jeanne Moreau in den Hauptrollen war 1968 im französischen Fernsehen zu sehen und kam im selben Jahr in die westdeutschen Kinos.

[157] In diesem Zusammenhang sollte allerdings beachtet werden, dass sich der Film mit einer Reihe von Symbolen und Handlungen auf die Seite des katholischen Glaubens stellt und sich gegen protestantische Überzeugungen ausspricht.

Sieht man von gewissen Einschränkungen ab – diese betreffen beispielsweise der Erzähl- bzw. Filmlogik zuwiderlaufende Entscheidungen der Maske, des Kostüms und des Interieurs[158] –, kann der Film, der an bewährtes, international marktgängiges Unterhaltungskino für gehobenere, das heißt für sich auch Bildungsimpulse reklamierende Ansprüche hollywoodscher Prägung anknüpft, durchaus überzeugen. Auch wenn der Film weder auf inhaltlicher bzw. gehaltlicher noch auf filmästhetischer Ebene von Innovationskraft zeugt und das ‚klassische‘ Erzählkino mit dessen (Kamera-) Nähe zu Figuren und ‚langem Atem‘ repräsentiert, gehört er doch in jene Reihe bleibender ‚lukullischer‘ Filme der 1980er Jahre, für die *Gandhi* (Richard Attenborough; 1982), *Amadeus* (Miloš Forman; 1984) oder eben *Out of Africa* stehen mögen – wobei auch in *Babettes Fest* (1987) selbstverständlich um des ‚Grusels‘ willen nicht auf einen Schuss goutierbarer Drastik verzichtet wird, wie Szenen bei der Speisenzubereitung zeigen.

Zu einem näheren Verständnis der Novelle *Babettes Fest* von Karen Blixen hingegen trägt der Film so gut wie nichts bei, ja, er bleibt mit seinem allüberall auf Komplexitätsreduktion hinauslaufenden Hang zu Eindeutigkeit, Eindimensionalität und Gefühligkeit hinsichtlich Figurenanlagen, Problemstellungen und Reflexionen weit hinter dieser motiv- und nuancenreichen und bis ins Detail in sich schlüssigen literarischen Vorlage zurück, verfehlt diese geradezu. Dieses Verfehlen der künstlerisch wie ideell in der Tat außerordentlichen literarischen Vorlage, eines wortwörtlichen Kunstwerks, geht so weit, dass man die sich im Unterschied zum Film durch häufige ironische Wendungen auszeichnende Novelle allenfalls der Mehrzahl der Handlungsoberflächen nach kennt, wenn man den Film gesehen hat.

Adaptionspragmatisch kann man selbstverständlich so abweichend, so verfehlend verfahren wie der zur Rede stehende Film

---

[158] Insbesondere Stéphane Audran als Babette Hersant ist stets in unrealistischer Weise geschminkt. Die wie neu aus dem Konfektionsgeschäft wirkende Kleidung der Gemeinde bei dem Festmahl läuft der Armut und der asketischen Lebensführung der Dörfler ebenso zuwider wie die Inneneinrichtung im Hause des Probstes.

das als eigenständiges künstlerisches Medium tut – ein Film ist ja schließlich keine dem Forschungsgegenstand gegenüber verpflichtete wissenschaftliche Auseinandersetzung. Es stellen sich dann allerdings eine ganze Reihe von Fragen: zum einen die, ob man dann noch, wie der Film das wie gesagt explizit tut, davon sprechen kann, dass man die literarische Vorlage präsentiere; zum anderen jene, welcher ästhetische und gehaltliche ‚Eigenwert‘ die Adaption gegenüber der Vorlage auszeichnet und ob es vielleicht sogar noch einen ‚Mehrwert‘ obendrein gibt – anders formuliert, ob sich diese Verfilmung überhaupt durch anderes als letztlich kommerzielle Interessen legitimiere, durch innovative künstlerische Kreativität nämlich; zum dritten die, wie man urteilend damit umgehen will, dass der Film zwar einerseits über weite Strecken eine geradezu naive Treue gegenüber der literarischen Vorlage zeigt, indem er eins zu eins bebildert und sogar über eine Off-Erzählerinnenstimme und Figurenrede wortwörtlich – wenn auch häufiger dekontextualisiert – verphont, dass er aber andererseits ohne medial bedingte Not an zentralen Stellen ex- und implizite Perspektiven, Zusammenhänge und Aussagen des Textes ignoriert, indem er sie unter den Tisch fallen lässt oder durch anders lautende ersetzt. In anderen Worten: Kann ein Film zugleich bescheiden Kopie von textlichen Oberflächen und selbstbewusst Interpretation, ja Neuformulierung von Tiefenstrukturen sein wollen, ein Werk also gleichermaßen repräsentieren und sein?

Selbstverständlich ist es im Übrigen so, dass der Film der einst bewunderten Novelle dem Bekanntheitsgrad nach längst den Rang abgelaufen hat. Das hat unter anderem damit zu tun, dass der Film das Festmahl, das in der literarischen Vorlage von einschlägiger, freilich lebens- und glaubenskonzeptioneller Art sowie seelisch-metaphysischer Wirkung und Bedeutung ist, zu einem von einem Kopenhagener Starkoch opulent entwickelten, ausgiebig gezeigten und bis heute allerorten immer wieder nachgestellten Augen- und Gaumenschmaus werden lässt.

Doch nicht nur hinsichtlich des Bekanntheitsgrades, sondern auch mit Blick auf Inhalte, Themen sowie Intentionen und ‚Botschaften' dominiert der im Unterschied zum Text in Jütland angesiedelte Film den Erzähltext. Das lässt sich unschwer beispielsweise an der deutschsprachigen Buchausgabe des seriösen Manesse-Verlags ablesen, deren Werbebanderole von der „Gourmet-Novelle" und deren Klappentext von einem „lukullische[n] Märchen" spricht – zentrale Merkmale des Films bzw. der Filmrezeption werden also zu Etiketten des literarischen Textes. Dabei handelt es sich, wie zuvor gezeigt, bei *Babettes Fest* um alles andere als um eine „Gourmet-Novelle" bzw. um ein „lukullisches Märchen".

Figurenanlagen, Motive, Fest und Festmahl

Davon, dass Babette eine Pétroleuse, eine Kommunardin also gewesen ist, die dennoch ihre mörderische Grand Monde-Klientel im Café Anglais um deren Kunstsinnigkeit willen mehr geschätzt hat als alles andere auf der Welt: Von diesen feindlichen, sie zu spalten drohenden zwei Herzen in ihrer Brust ist im Film keine Rede. Von der weiblich-eleganten, hoch attraktiven Stéphane Audran dargestellt,[159] ist die im Text „üppig[e]" (a. a. O.: 21), mit „dunkle[m] Blick (a. a. O.: 78) und ungeschlacht auftretende Babette im Film vielmehr eine nicht zuletzt dank rot geschminkter Lippen blühende, für sich einnehmende, gut katholisch ein Kreuz tragende, charmant dem Leben zugewandte, selbstbewusste und nahezu immer gut gelaunte Frau mit einem gelegentlichen Schuss Koketterie. Die wird eigentlich nur einmal in wehmütiger Nachdenklichkeit gezeigt. Das wird dann, bezeichnend für das auf Heiterkeit, Sinnenfreude und Sentimentalität zielende Konzept des ästhetisch auf Wiedererkennungseffekte setzenden Films, in der abgegriffenen Vokabel ‚allein am Strand aufs Meer hinausblickend' zum Ausdruck gebracht. Selbst im letzten Filmdrittel, als Babette immer wieder hantierend in

---

[159] Audrans Darstellung als solche ist zu bewundern, ihre Aufgabe besteht ja nicht darin, die Babette Hersant der literarischen Vorlage wiederzugeben.

der Küche gezeigt wird, ist von markanter Anstrengung, geschweige denn von zu Totenblässe (s. o.) führender Überanstrengung wie im Text nichts zu sehen. Die beinahe entspannt wirkende Babette findet vielmehr die Zeit, selbst genussvoll ein oder zwei Gläschen Veuve clicquot zu trinken, einem in der Küche anwesenden Kutscher und einem jugendlichen Helfer Aufmerksamkeiten zu erweisen und nach getaner Arbeit einen Kaffee zu genießen.

Die dramatische, Babette gewidmete und ihr nach Jahren des ideell-künstlerischen Darbens zur feierlichen ‚Auferstehung' gereichende, gut 10% des Gesamttextes einnehmende Klimax hingegen, das Schlusskapitel „Die große Künstlerin", schnurrt im Film auf lediglich 2,5 Minuten, das sind ca. 2,5% des Films zusammen. Obwohl der Film einiges wortwörtlich aus der literarischen Vorlage übernimmt, erzählt er doch exakt Gegenteiliges – vergleicht man Text und Film, muss man spätestens an dieser Stelle von dezidierter, ideologisch motivierter Verfälschung sprechen. Gezeigt wird nämlich eine sich mit einer gewissen Melancholie an ihre Zeit im Café Anglais erinnernde, den Schwestern gegenüber weichherzige und ebenso mögend wie verständnisvoll aufgeschlossene Babette, die aus einem befriedeten und befriedenden Lächeln gar nicht mehr herauskommt. Auch diese Babette bekennt zwar den Schwestern, dass sie das Festessen „keineswegs ihretwegen" [1:35:15] zubereitet hat, unterlässt es aber, das weiter zu erläutern und zu rechtfertigen. Jedes konfrontative Moment, von denen der Text in diesem Kapitel etliche hat, ist um ‚eitel Sonnenschein' und ‚Ende gut, alles gut' willen eliminiert. Auch Babettes Äußerungen zur Kunst und zum Künstlerdasein fallen so aus, dass sie im Zusammenspiel mit den Äußerungen Philippas und deren Verhalten auf eine Apologie der Plattitüde vom äußerlich armen, doch innerlich reichen Künstler und eine gerne angenommene Jenseitsvertröstung hinauslaufen. Nichts lässt die Verfälschung, die der der Behauptung und der dominierenden Adaptionspraxis nach ja text(oberflächen)getreue Film in dieser Sequenz begeht, deutlicher werden als die Umarmung, in die Philippa dem

Text nach Babette nötigt,[160] in die dem Film nach Babette aber gerne einwilligt, indem sie Philippa sogar zärtlich-tröstend an sich drückt. So wie angedeutet Babette, haben auch andere Figuren im Film allenfalls auf den ersten Blick etwas mit ihren ‚Verwandten' im Text zu tun – eine Figur wie der Sänger Achille Papin ist hingegen, nimmt man die Vorlage zum Maßstab, aufs Ganze gesehen gut getroffen. Ein anschauliches Beispiel gibt hier die der Welt abschwörende und ganz auf das Neue Jerusalem ausgerichtete Gemeinde ab. Die, wie gezeigt im Text durchgängig mit einer gewissen schmunzelnden Nachsicht behandelt, wird in der Mehrzahl ihrer Vertreter so gezeichnet, dass sie in ihrer Schroffheit, Primitivität, Inbrunst, Tölpelhaftigkeit und / oder an debil sein nur knapp vorbeischrammenden Einfältigkeit entweder zum Missbilligen, Bemitleiden, Bedauern, Belächeln und / oder sogar zum Verlachen reizen. Wirklich ernst genommen werden sie jedoch nicht, auch nicht in ihrem dem Text nach doch zur Diskussion stehenden und kritisierten Glaubensverständnis. Dieses bei aller Ablehnung doch zur Kenntnis zu nehmende Glaubensverständnis, inkarniert vor allem im filmischerseits als ideell Anwesender ungebührlich vernachlässigten Probst und dessen ‚Sturz' auf der Feier anlässlich seines 100. Geburtstages, spielt im Film so gut wie keine Rolle. Aber auch die ambivalenten Charaktere Martine und Philippa, deren Verhältnis zu Sinnlichkeit und Begehren und überhaupt zur Welt dem Text nach ja deutlich unterschiedlich sind, werden im Film dahingehend angeglichen und ‚bereinigt', dass ihr Denken und Tun vor allem von an Kindlichkeit grenzender Herzensgüte herzurühren scheint. Sie werden zu Figuren, die nicht zum Bedenken anreizen, sondern zu Wohlwollen und Mitgefühl angesichts der ihnen entgangenen Lebens- und Liebesfreuden.

Neben dem politischen Motiv „Pariser Kommune" blendet der Film auch das sich durch den gesamten Text ziehende Motiv

---

[160] „Der Leib der Köchin war anzufühlen wie ein steinernes Denkmal; aber sie [Philippa; GH] selber zitterte und bebte vom Kopf bis zu den Füßen" (a. a. O.: 79), heißt es im Text.

„Schnee" aus, das dort permanent mit Reinheit, Keuschheit, der Jungfrau Maria, Schönheit, Vollendung, Ruhe, Geborgenheit, Reinigung und göttlicher Gnade in Verbindung gebracht wird. Aber der Film verfolgt dieses Motiv nicht nur nicht, indem er es beispielsweise nicht wie im Text am Festtag kräftig schneien, sondern nur stürmen lässt. Er verbiegt das Motiv sogar e negativo ins genaue Gegenteil, als kurz vor Schluss von möglichem Schneefall die Rede ist: „Vielleicht schneit es auch gar nicht mehr dieses Jahr" [1:32:57], sagt Martine ebenso hoffnungsvoll wie prosaisch und zieht damit einen dicken Strich durch jene für die Sicht auf die Schwestern, auf metaphysische Fragestellungen und auf das Festmahlgeschehen unverzichtbare Motivkette, die der Text so kunstvoll aufbaute.

Zum Stichwort „Festmahl" abschließend: Im Unterschied zum Text erweckt der Film den Eindruck, als sei es das Zusammenspiel von erlesenen Speisen und alkoholischen Getränken, das die Zwietracht unter den Gemeindemitgliedern in Heiterkeit, Harmonie und Ausgelassenheit überführe. Mit offensichtlichem, sich mehr und mehr outendem Genuss lässt der Film die Festteilnehmer den Speisen, denen im Text kaum Aufmerksamkeit geschenkt und kaum Wirkung attestiert wird, kräftig zusprechen – wunderlicher Weise angeblich mit eben jenem auf individuelle wie kollektive Heilung hinauslaufenden Ergebnis, von dem auch der Text erzählt. Anstatt den Versuch zu machen, dem Zuschauer die Bedeutung der offerierten Speisen und von deren Abfolge näher zu bringen, also Verstehensarbeit zu leisten, kapriziert sich der Film dabei darauf, ausgiebig das Eindecken der Festtafel, die Feinheiten der Zubereitung der Speisen, deren dekoratives Anrichten und die von Verlegenheit begleiteten, derb-unbeholfenen Tischmanieren der Gemeindemitglieder in Szene zu setzen.

Literatur und Film

Primärliteratur

Barock, hg. von Renate Fischetti (1975). Stuttgart: Reclam (= Die deutsche Literatur. Ein Abriß in Text und Darstellung, Bd. 4; RUB 9613).

Benjamin, Walter (1977 [1950]): Berliner Kindheit um Neunzehnhundert [1933–1938]. Frankfurt a. M.: Suhrkamp Verlag.

Benjamin, Walter (1991): Über den Begriff der Geschichte [1940]. In: Ders.: Gesammelte Werke, hg. von Hermann Schweppenhäuser und Rolf Tiedemann. Band I / 2. Frankfurt a. M.: Suhrkamp Verlag, S. 690–708.

Blixen, Tanja (1952): Babettes Gæstebud. Aus dem Englischen von Jørgen Claudi. Kopenhagen: Fremads Folkebibliotek.

Blixen, Tanja (1958): Skæbne-Anekdoter [u. a. Babettes Gæstebud]. Kopenhagen, Gyldendal.

Blixen, Tanja (1960): Schicksalsanekdoten [Der Taucher; Babettes Fest; Stürme; Die unsterbliche Geschichte; Der Ring]. Aus dem Englischen von W. E. Süskind. Frankfurt a. M.: Fischer.

Blixen, Tanja (2003 [1960]): Babettes Fest. Aus dem Englischen von W. E. Süskind. München: Manesse Verlag.

Dinesen, Isak (1950): Babette's Feast. In: Ladies' Home Journal. Juni 1950, S. 34–35 [zu großen Teilen eine über zwei Seiten gehende, farbige Illustration von Harry Anderson, die General Löwenhjelm bei seiner Ansprache zeigt; dazu der Titel, zwei Kommentar-Phrasen sowie das erste Kapitel] und 202–212 [auf diesen Seiten werden die Kapitel zwei bis zwölf von zahlreichen Werbeanzeigen für Lebensmittel unterbrochen].

Dinesen, Isak (1958): Anecdotes of Destiny. New York: Random House.

Eckermann, Johann Peter (2011): Gespräche mit Goethe in den letzten Jahren seines Lebens 1823–1832, hg. von Christoph Michel unter Mitwirkung von Hans Grüters. Reihe: Deutscher Klassiker Verlag im Taschenbuch, Band 50. Berlin: Deutscher Klassiker.

Heine, Heinrich (2014 [1827]): Buch der Lieder, mit einem Nachwort von Jan-Christoph Hauschild. Hamburg: Hoffmann und Campe.

Hölderlin, Friedrich (1977): Werke • Briefe • Dokumente, ausgewählt sowie mit einem Nachwort und Erläuterungen versehen von Pierre Bertaux. München: Winkler Verlag.

Kleist, Heinrich von (1986): Michael Kohlhaas [Aus einer alten Chronik]. In: Ders.: Werke und Briefe in vier Bänden, hg. von Siegfried Streller in Zusammenarbeit mit Peter Goldammer und Wolfgang Barthel, Anita Golz, Rudolf Loch. Band III, Erzählungen. Frankfurt a. M.: Insel Verlag, S. 7–113.

Kleßmann, Eckart (Hrsg.) (1991): Die vier Jahreszeiten. Gedichte. Stuttgart: Reclam (= RUB 40009).

Lessing, Gotthold Ephraim (1996 [1756 / 1757]): Briefwechsel über das Trauerspiel [mit Friedrich Nicolai und Moses Mendelsohn]. In: Ders.: Werke, in Zusammenarbeit mit Karl Eibl u. a. hg. von Herbert G. Göpfert. Vierter Band: Dramaturgische Schriften, bearbeitet von Karl Eibl. Darmstadt: Wissenschaftliche Buchgesellschaft, S. 153–227.

Luther, Martin (2017 [1962]): Luthers Werke in Auswahl. Band 8: Tischreden, hg. von Otto Clemen. Reprint der 3. Auflage. Berlin: de Gruyter.

Petronius (2004): Satyricon. Aus dem Lateinischen übersetzt und mit einem Nachwort versehen von Kurt Steinmann. Zürich: Manesse.

Filme

Attenborough, Richard (1982): Gandhi. Großbritannien, Indien: Richard Attenborough.we

Axel, Gabriel (1987): Babettes Fest. Dänemark: Just Betzer, Bo Christensen.

Pollack, Sydney (1985): Out of Africa (Jenseits von Afrika). USA: Sydney Pollack.

Welles, Orson (1968): Histoire immortelle (Stunde der Wahrheit). Frankreich: Micheline Rozan.

Sekundärliteratur (zitierte und eingesehene)

Aiken, Susan Hardy (1985): The Uses of Duplicity: Isak Dinesen and Questions of Feminist Criticism. In: Scandinavian Studies. Jahrgang 57, Heft 4, S. 400–412.

Aiken, Susan Hardy (1990): Isak Dinesen and the Engendering of Narrative. Chicago: University of Chicago Press.

Arendt, Hannah (2001 [1968]): Isak Dinesen. In: The New Yorker, 9. November 1968, S. 223–235. Wieder in: Dies.: Menschen in finsteren Zeiten, hg. von Ursula Ludz. München: Piper, S. 107–124.

Axelrod, Mark (2004): Borges' Travel, Hemingways' Garage: Secret Storie. Salt Lake City: Fiction Collective Two.

Barron, Robert (2015): Christ in Cinema: The Evangelical Power of the Beautiful. In: Francesca Murphy (Hg.): The Oxford Handbook of Christology. Oxford: Oxford University Press, S. 475–487 [darin: Gabriel Axels „Babette's Feast", S. 476–479].

Bordo, Susan (1993): Unbearable Weight. Feminism, Western Culture, and the Body. Berkeley u. a.: University of California Press.

Brantly, Susan (2002): Understanding Isak Dinesen. Columbia: University of South Carolina Press.

Brix, Hans (1949): Karen Blixens Eventyr. Kopenhagen: Gyldendal.

Buk-Swienty, Tom (2015): Feuer und Blut. Hamburg: Osburg.

Catalog of Copyright Entries. Third Series. 1958: July to December. Online unter: http://onlinebooks.library.upenn.edu/cce/1958r.html (letzter Zugriff am 16.12.2017).

Cossaro-Price, Rosanna (1991): Subverting the Gothie: A Study of Isak Dinesen. Comparative Literature Program. Montreal: McGill University.

Därmann, Iris / Lemke, Harald (Hg.) (2007): Die Tischgesellschaft: Philosophische und kulturwissenschaftliche Annäherungen. Bielefeld: transcript.

Dinesen, Thomas (1974): Tanne – Min søster Karen Blixen. Kopenhagen, Gyldendal.

Dinesen, Wilhelm (2013): Paris under Communen. Kopenhagen, J. Lund 1873; wieder: Kopenhagen: Lindhart og Ringhof.

Dingeldein, Hannah / Gredel, Eva (Hg.) (2017): Diskurse des Alimentären: Essen und Trinken aus kultur-, literatur- und sprachwissenschaftlicher Perspektive. Berlin u. a.: Lit Verlag.

Elias, Julie (1925): Das neue Kochbuch. Ein Führer durch die feine Küche. 2. Auflage. Berlin: Ullstein.

Engelhardt, Dietrich von / Wild, Rainer (Hg.) (2005): Geschmackskulturen: Vom Dialog der Sinne beim Essen und Trinken. Frankfurt a. M.: Campus Verlag.

Escher, Felix / Buddeberg, Claus (Hg.) (2003): Essen und Trinken zwischen Ernährung, Kult und Kultur. Zürich: vdf Hochschulverlag.

Faber, Richard (2008): Ruth-Jesus alias Anne-Marie. Eine bibelsoziologische Lektüre von Tania Blixens >Leidacker<. In: Heike Peetz / Stefanie von Schnurbein / Kirsten Wechsel (Hg.): Karen Blixen / Isak Dinesen / Tania Blixen: Eine internationale Erzählerin der Moderne. Reihe: Berliner Beiträge zur Skandinavistik, Band 12. Berlin: Nordeuropa-Institut, S. 115–133.

Glienke, Bernhard (1986): Fatale Präzedenz: Karen Blixens Mythologie. Neumünster: Wachholtz.

Gray, Annie (2015): Babette's Feast. In: Musings on food and history. The occasional blog of food historian Annie Gray. Musings, rantings and recipe research, 17.01.2015. Online unter: https://musingsonfoodhistory.wordpress.com/2015/01/17/babettes-feast/ (letzter Zugriff am 20.11.2017).

Grewe-Volpp, Christa / Reinhart, Werner (Hg.) (2003): Erlesenes Essen. Literatur- und kulturwissenschaftliche Beiträge zu Hunger, Sattheit und Genuss. Tübingen: Narr Francke Attempto.

Hannah, Donald (1971): „Isak Dinesen" and Karen Blixen: The Mask and the Reality. London: Putnam and Company.

Hansen, Frantz Leander (2003): The Aristocratic Universe of Karen Blixen. Destiny and the Denial of Fate (transl. by Gaye Kynoch). Eastbourne: Sussex Academic Press.

Helmes, Günter (2012): „"Lies sie oder lies sie nicht, du wirst beides bereuen"". Sören Kierkegaards *Don Giovanni*-Auslegung und deren textliches Umfeld. In: Matthias Bauer / Markus Pohlmeyer (Hg.): Existenz und Reflexion. Aktuelle Aspekte der Kierkegaard-Rezeption. Hamburg: Igel-Verlag, S. 86–113.

Henriksen, Aage (1988): Isak Dinesen – Karen Blixen: The Work and the Life. New York: St. Martin's Press.

Hermand, Jost (1969): Synthetisches Interpretieren. Zur Methodik der Literaturwissenschaft. München: Nymphenburger Verlagshandlung.

Hermansen, Christian M. (2000): „It was not for your sake". On reading Isak Dinesen / Karen Blixen's *Babette's Feast*. In: Studies in Foreign Languages and Cultures, XV, 7/2010, S. 187–255. Auch online unter http://www.academia.edu/19895250/_It_was_not_for_your_sake_On_Reading_Isak_Dinesen_Karen_Blixens_Babettes_Feast (letzter Zugriff am 03.01.2018).

James, Sibyl (1983): Gothic Transformations: Isak Dinesen and the Gothic. In: The Female Gothic, hg. von Juliann E. Fleenor. Montreal: Eden Press, S. 138–152.

Johannesson, Eric O. (1961): The World of Isak Dinesen. Seattle: University of Washington Press.

Klünder, Ute (2000): „Ich werde ein grosses Kunstwerk schaffen …": Eine Untersuchung zum literarischen Grenzgängertum der zweisprachigen Dichterin Isak Dinesen / Karen Blixen. Göttingen: Vandenhoeck & Ruprecht.

Kure-Jensen, Lise (1993): Isak Dinesen in English, Danish, and Translation: Are We Reading the Same Text?" In: Olga Anastasia Pelensky (Hg.): Isak Dinesen: Critical Views. Athens: Ohio University Press, S. 314–321.

Langbaum, Robert Woodraw (1965): Isak Dinesen's Art: The Gayety of Vision. New York: Random House.

Livingston, Paisley (2005): Art and Intention: A Philosophical Study. Oxford: Oxford University Press.

Lutz, Cosima (2007): Aufess-Systeme: Jean Pauls Poetik des Verzehrs. Reihe: Epistemata – Würzburger wissenschaftliche Schriften. Literaturwissenschaft, Band 628. Würzburg: Königshausen & Neumann.

Mennell, Stephen (1988): Die Kultivierung des Appetits. Geschichte des Essens vom Mittelalter bis heute. Aus dem Englischen von Rainer von Savigny. Frankfurt a. M.: Athenäum.

Neumann, Gerhard (1982): Das Essen und die Literatur. In: Literaturwissenschaftliches Jahrbuch 23, S. 173–190.

Neumann, Gerhard (1993): Tania Blixen. Babettes Gastmahl. In: Alois Wierlacher, Gerhard Neumann / Hans Jürgen Teuteberg (Hg.): Kulturthema Essen. Ansichten und Problemfelder. Bd. 1. Berlin: Akademie-Verlag, S. 289–318.

Neumann, Gerhard (1993): „Jede Nahrung ist ein Symbol". Umrisse einer Kulturwissenschaft des Essens. In: Alois Wierlacher / Gerhard Neumann / Hans Jürgen Teuteberg (Hg.): Kulturthema Essen. Ansichten und Problemfelder. Band 1. Berlin: Akademie-Verlag, S. 385–444.

Neumann, Gerhard (2008): „Anecdotes of Destiny". Zur Struktur von Karen Blixens Novellistik. In: Heike Peetz / Stefanie von Schnurbein / Kirsten Wechsel (Hg.): Karen Blixen / Isak Dinesen / Tania Blixen: Eine internationale Erzählerin der Moderne. Reihe: Berliner Beiträge zur Skandinavistik, Band 12. Berlin: Nordeuropa-Institut, S. 29–57.

O.A. (1960): Faselgeschichten [Rezension zu Blixens Schicksalsanekdoten]. In: Der Spiegel, 32/1960, 3. August 1960.

O.A.: Hochzeit zu Kana. Online unter: deacademic.com/dic.nsf/dewiki/620653 (letzter Zugriff am 03.01.2018).

O.A.: Isak Dinesen Collection. Online unter: https://www.lib.umn.edu/scrbm/isak-dinesen-collection (letzter Zugriff am 20.11.2017).

Peetz, Heike (2008): Erzählen und Erzählungen in Blixen-Filmen. In: Heike Peetz / Stefanie von Schnurbein / Kirsten Wechsel (Hg.): Karen Blixen / Isak Dinesen / Tania Blixen: Eine internationale Erzählerin der Moderne. Reihe: Berliner Beiträge zur Skandinavistik, Band 12. Berlin: Nordeuropa-Institut, S. 77–96.

Podles, Mary Elizabeth (1992): „Babette's Feast": Feasting with the Lutherans. In: Antioch Review, Jahrgang 50, Heft 3, S. 551–567.

Prauser, Lutz (2013): Fundstücke: Die Bibel. In: Testudowelt. Das Portal für Nachrichten und Informationen aus der Schildkrötenwelt, 25.01.2013. Online unter: http://www.testudowelt.de/?p=4125 (letzter Zugriff am 20.11.2017).

Rashkin, Esther (1995): A Recipe for Mourning: Isak Dinesen's „Babette's Feast". In: Style, Jahrgang 29, Heft 3, S. 356–374.

Rudtke, Tanja (2013): Kulinarische Lektüren. Vom Essen und Trinken in der Literatur. Bielefeld: transcript.

Schnurbein, Stefanie von (2008): Genuss und Gefahr. Essen und Körper in „Babettes Gæstebud". In: Heike Peetz / Stefanie von Schnurbein / Kirsten Wechsel (Hg.): Karen Blixen / Isak Dinesen / Tania Blixen: Eine internationale Erzählerin der Moderne. Reihe: Berliner Beiträge zur Skandinavistik, Band 12. Berlin: Nordeuropa-Institut, S. 135–150.

Schyberg, Frederick (1935): Isak Dinesens, alias, Baronesse Blixen-Fineckes „Syv fantastiske Fortællinger". In: Berlingske Tidende, 25.09.1935.

Shapiro, Michael (1991): Political Economy and mimetic Desire: A postmodernist Reading of ‚Babette's Feast'. In: History of European Ideas, Jahrgang 13, Heft 3, S. 239–251.

Stambaugh, Sara (1988): The Witch and the Goddess in the Stories of Isak Dinesen: A Feminist Reading. Ann Arbor: U.M.I. Research Press.

Stambaugh, Sara (1998): Isak Dinesen in America. Vortrag an der University of Alberta, The Canadian Initiative for Nordic Studies, 28.10.1998. Online unter: http://www.cins.ualberta.ca/en/past-events/stambaugh.aspx (letzter Zugriff am 20.11.2017).

Svendsen, Clara (1970): The Life and Destiny of Isak Dinesen. New York: Random House.

Svendsen, Clara (1975): Notater om Karen Blixen. 3. Auflage. Kopenhagen: Gyldendal.

Teuteberg, Hans Jürgen (Hg.) (1997): Essen und kulturelle Identität: Europäische Perspektiven. Reihe: Kulturthema Essen, Band 2. Berlin: Akademie-Verlag.

Thurman, Judith (1982): Isak Dinesen: The Life of a Storyteller. New York: St. Martin's Press. Wieder erschienen unter dem Titel „Isak Dinesen. The Life of Karen Blixen" (1984). Harmonsworth, Middlesex: Penguin Books.

Trzebinski, Errol (1977): Silence will speak. A study of the life of Denys Finch Hatton and his relationship with Karen Blixen. London: Heineman.

Wechsel, Kirsten (2008a): Einleitung: Zur Internationalität der Erzählerin Karen Blixen / Isak Dinesen / Tania Blixen. In: Heike Peetz / Stefanie von Schnurbein / Kirsten Wechsel (Hg.): Karen Blixen / Isak Dinesen / Tania Blixen: Eine internationale Erzählerin der Moderne. Reihe: Berliner Beiträge zur Skandinavistik, Band 12. Berlin: Nordeuropa-Institut 2008, S. 7–12.

Wechsel, Kirsten (2008b): Wa(h)re Identität. Karen Blixens / Isak Dinesens Autorschaft im Zeichen der Kulturindustrie. In: Heike Peetz / Stefanie von Schnurbein / Kirsten Wechsel (Hg.): Karen Blixen / Isak Dinesen / Tania Blixen: Eine internationale Erzählerin der Moderne. Reihe: Berliner Beiträge zur Skandinavistik, Band 12. Berlin: Nordeuropa-Institut, S. 152–170.

Weinreb, Friedrich (1996): Der göttliche Bauplan der Welt: Der Sinn der Bibel nach der ältesten jüdischen Überlieferung. Bern: Origo.

Wendt, Angela Maria Coretta (2006): Essgeschichten und Es(s)kapaden im Werk Goethes: Ein literarisches Menu der (Fr)esser und Nichtesser. . Reihe: Epistemata – Würzburger wissenschaftliche Schriften. Literaturwissenschaft, Band 572 .Würzburg: Königshausen & Neumann.

Westenholz, Anders (1982): The Power of Aries: Myth and Reality in Karen Blixen's Life. Baton Rouge, London: Louisiana State University Press.

Whissen, Thomas R. (1973): Isak Dinesen's Aesthetics. New York: Kennikat Press.

Wilkinson, Lann R. (2004): Hannah Arendt on Isak Dinesen: Between Storytelling and Theory. In: Comparative Literature, Jahrgang 56, Heft1, S. 77–98.

Woods, Gurli A. (Hg.) (1994): Isak Dinesen and Narrativity: Reassessments for the 1990s. Ottawa: Carleton University Press.

Ziemer, Benjamin (2007): Brot (AT). Online unter: https://www.bibelwissenschaft.de/wibilex/das-bibellexikon/lexikon/sachwort/anzeigen/details/brot/ch/17aea54276de0d22bda370fb17cd00e2/ (letzter Zugriff am 20. 11. 2017).

Zint, Paul Gerhard (o. A.): Zahlen der Bibel. Bedeutung der Zahlen (Teil 2). Online unter: http://www.zeitundzahl.de/Download/Zahlen/Bedeutung_der_Zahlen2.pdf (letzter Zugriff am 03.01.2018).

Der Autor

Dr. phil. habil. Günter Helmes, geb. 1954; Studium der Germanistik, Philosophie, Geschichte und Erziehungswissenschaft in Siegen, Bochum, Iowa City, Iowa und Madison, Wisconsin; von 2003 bis zur Pensionierung 2018 Univ.-Prof. für Neuere deutsche Literaturwissenschaft, Medienwissenschaft und deren Didaktik in Flensburg; Lehr- und Forschungstätigkeiten an einer Reihe von Universitäten im In- und Ausland; zahlreiche Arbeiten zur Literatur-, Kultur- und Mediengeschichte des 18. bis 21. Jahrhunderts.